酒のつまみがほしいときや、
家族や友人をもてなしたいとき、
ちゃちゃっと料理ができたらかっこいい。
そして、何よりも
自分で作る料理はおいしくて、体にいい。

身につけた料理の技術は一生もの。
今は包丁のにぎり方すら知らなくても、
基本に忠実に一歩ずつ進めば、着実に腕は上がる。

「料理をしてみたい」

そう思ったときが、始めどき。
ページをめくって、いざ、始めよう。
とびきりうまい、“俺”の味が見つかるはずだ。

この本の特長

いざ、料理を始めようと思っても、何から手をつけたらよいのかわからない。
そんな料理ビギナーでも心配ご無用。
この本では、料理の作り方を写真つきでくわしく解説します。
さらに、手の洗い方からあと片付けまで、料理のあれこれを伝授。
知らず知らずのうちに料理ができるようになるしかけがあります。

料理の「知りたい！」に答えます

煮るとき、鍋にはふたをする？「色よく焼く」って、どれくらい？あいまいな表現や料理特有の言い回しなど、料理の「？」を、ていねいな解説と写真ですっきり解決！

調理のポイントがわかる「3か条」

各料理には、調理のポイントである「3か条」を掲載。細かいところは上手にできなくても、ここを押さえれば失敗知らず。だれもがおいしい料理を作れます。

→包丁はまだ使いません

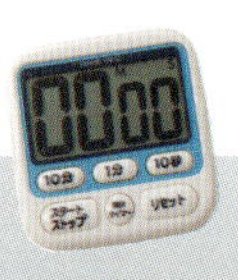

→いよいよ包丁を使います

LEVEL 2 ☆☆

魚を煮るときに
裏返さないのは
なぜ？

「薄切り」の
厚さは何ミリ？
何センチ？

「強火」は、
ガスのつまみを
全開にする？

レベル順にステップアップ

料理は３つのレベルで難易度順に掲載。順に作ることで、調理の知識、基本技術が身につきます。LEVEL１・２は１人分、３ではおもてなしにも向く２人分の分量で作ります。

パンチのある味とボリューム

黒こしょうでピリッとした辛味を出したり、本格的なスパイスを使ったりして、味にパンチをきかせています。ボリュームもあり、食べごたえは充分。

→ここからは２人分の料理を作ります

LEVEL 3 ★★★

この本のきまり

■だし：かつおだしを使用。市販のだしの素を使う場合は、商品の表示を参考にして、水などでうすめる。
■スープの素：「固形スープの素」は、ビーフ、チキンなどお好みで。「とりがらスープの素」は中華スープの素、チキンスープの素で代用可。
■フライパン：フッ素樹脂加工のフライパンを使用。鉄製のフライパンを使う場合は、油の量を２倍にする。
■電子レンジ：加熱時間は500Wのめやす時間。600Wなら0.8倍、800Wなら0.6倍の時間をめやすに、ようすをみながら加減する。
■オーブントースター：機種によって熱量が異なる。説明書に従い、レシピの加熱時間をめやすに、ようすをみながら加熱する。
■カロリー・塩分：特に表記のない限り、１人分。日本食品標準成分表（七訂）をもとに、ベターホームの見解を加えて計算している。

Contents
俺ごはん　目次

SIDE DISH サブおかず、汁もの、サラダ

Basic lesson

調理の基本

材料の切り方

Cooking Tips

料理を始める前の心得 3か条

1

清潔で安全な身なり

衣服の長袖はひじまでまくる。“フリース”やスポーツウェアなどに使われる化繊の素材は火が燃え移りやすいので避ける。

こんな格好はNG。作業もしづらい。

2

手はしっかり洗う

手はよく洗う。石けんをよく泡立てて、①指の間→②爪先→③手首の順に、20～30秒かけてしっかり洗う。料理用のハンドタオルは、ほかのタオルと使い分ける。

3

常に整理整頓

調理台やガス台、シンクは、すっきりと片付けておく。ものがあふれていると、作業がしにくいうえに、衛生面や安全面でもトラブルの原因になる。

LEVEL 1

包丁いらずの料理

まずは包丁を使わずにできる料理から。
初めてでもかんたんにできるひと品で
料理の楽しさを実感！

これができれば
LEVEL 1はクリア！

- □材料を正しくはかれる
- □油の温め具合がわかる
- □炒めもののコツがわかる

Basic lesson

はかる

おいしい料理を作るためには、レシピのとおりに材料をはかることが大切。始める前にすべての材料を計量しておくと、作業がスムーズに進み、正確にはかることで、料理の味が決まる。

重量をはかる

大きいものは、はみ出た部分が調理台にふれないように、ボールや皿などにのせる（ボールなどの重さを含めてはからないよう注意）。

材料の重さは、料理用ばかりではかる。はかりは平らなところに置き、材料ははかりの台の中におさまるようにのせる。

レシピに記載されている材料の重さは、調理でとり除く皮や種などの重さ（廃棄量）が含まれている。皮などをとり除く前にはかる。

容量をはかる

液体

計量カップ1 = 200㎖
平らなところに置いて液体を入れ、目盛りは水平に読む。

大さじ1 = 15㎖／**小さじ1** = 5㎖
表面張力で盛りあがっているのが「1」の量。「½」は、スプーンの深さの半分よりも、やや上の位置。

調味料がこぼれたときに加わってしまわないよう、鍋やボールの上ではなく、脇ではかる。

粉類

大・小さじ1

スプーンにふんわり入れてから、すりきる。

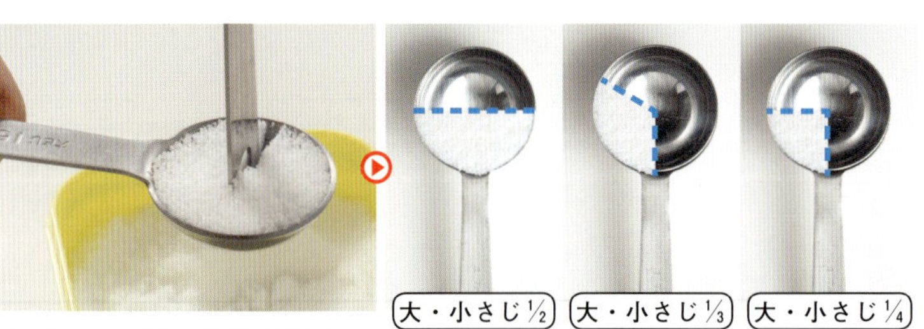

大・小さじ½　大・小さじ⅓　大・小さじ¼

スプーンの柄で等分の線を引き、残りをとり除く。

塩少々
親指と人差し指の2本でつまむ量。

こしょう少々
めやすは2、3ふり。好みで加減してOK。

加熱する

「煮る」「焼く」「炒める」など、“加熱”は調理の中でも大切な過程。実際の調理では、鍋のようすをみながら、音や香りなども含めて五感で確認する。

火加減の基本

強火

鍋底全体に炎が当たる状態。

中火

炎の先端が鍋底に届くくらいの状態。

弱火

鍋底に炎の先が届かない状態。

「強火＝全開の火力」とは限らない

この鍋にとっては適度な強火でも…

この鍋にとっては強すぎる。炎が鍋からはみ出すのは、エネルギーのムダ使い。

同じ火力でも、鍋によって炎の当たり方は異なる。

よく出てくる加熱の表現

煮立つ

「煮立つ」＝「沸騰する」こと。鍋の中心まで、大きな泡が出てグツグツとしている状態をいう。レシピに「○分煮る／ゆでる」とあるのは、沸騰してからの時間。

油を温める

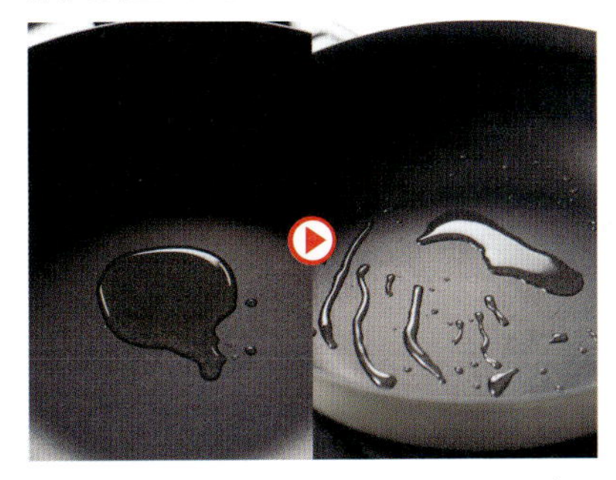

「油を温める」は、とろっとしていた油が、フライパンを傾けてサラサラと流れるようになればOK。フライパンを回して油を広げてから、材料を入れる。

香りが出る

にんにく、しょうがなどの香味野菜はこげやすいので、油と一緒に鍋やフライパンに入れてから火にかける。色づいていなくても、よい香りが立てばよい。

いつもの刺身をもっとおいしく！

刺身づけ丼

483kcal | 塩分3.1g

15分

刺身づけ丼 3か条

その1 刺身はたれに10分つけて味わいよく。

その2 刺身は彩りよくていねいに盛る。

その3 薬味をのせ、味も見た目もワンランクアップ。

材料〔1人分〕

刺身盛り合わせ……1パック（100g）
A｜酒……大さじ½
　｜しょうゆ……大さじ1
きざみめかぶ*……小1パック（50g）
温かいごはん……200g
きざみのり……少々
しその葉……2枚
練りわさび……少々

＊めかぶは好みで。なくてもよい。

【刺身】写真はまぐろ、サーモン、いか。白身魚など、好みのものでよい。
【めかぶ】加えればボリュームや栄養価が増し、食感も楽しめる。
【きざみのり】焼きのりを手でちぎってもOK。

① 刺身を“づけ”にする

ボールにAを合わせる。刺身をAに入れてからめ、ラップをかけて冷蔵庫で10分ほどおく（づけ）。づけにすると、味が加わるだけでなく、余分な水分が抜けて刺身の歯ごたえが増す（冷蔵で2日保存できる）。

② ごはんに具をのせる

丼にごはんをよそう。きざみめかぶをのせ、丼の端にしそをのせる。刺身のづけを彩りよくのせる。

③ 薬味をのせる

Aが残っていればかけ、中心にきざみのりをのせる。わさびを添える。

刺身は中央が高くなるように盛りつけると、おいしそうに見える。

卵２個でホテルのモーニング風の贅沢

ハムエッグ

278kcal　塩分1.9g

10分

ハムエッグ３か条

その1　殻が入らないように卵を割る。

その2　卵２個を時間差なく焼く。

その3　卵はくずれないようにやさしく扱う。

材料〔１人分〕

卵……2個
ハム……2枚
サラダ油……小さじ1
〈つけあわせ〉
レタス……1枚
ミニトマト……1個
塩・しょうゆ・ソースなど……適量

【卵】一般的には白色と褐色が出回っている。殻の色が違っても、中身の成分や栄養価は変わらない。

① 卵を割る

器に卵2個を割り入れる。器に割っておくと、フライパンに直接割り入れるより失敗が少なく、2つの卵を時間差なく焼ける。

卵を割る

卵を平らなかたいところに打ちつける。

へこんだようになってひびが入ればよい。

ひびが入ったところを両手の親指で大きく開き、中身を出す。

とがったところにぶつけると、殻が卵の中に入りやすいのでNG。

卵を入れる

フライパンに油小さじ１を中火で温める。とろっとしていた油がサラサラと流れるようになったら（写真左）、フライパンを回して油を広げる。卵を低い位置からそっとフライパンに入れる。

ハムを加える

フライパンのあいているところにハム２枚を入れる。ふたをして焼き、約１分たったらハムをとり出して皿に盛る。

卵を好みのかたさに焼く

再度ふたをして、弱火で卵を焼く。黄身の表面が白っぽくなったら火を止める。そのままおいて約１分むらすと、半熟の仕上がりに。かためが好みなら、表面が白っぽくなっても火を止めずに、黄身の透明感がなくなるまで、ようすをみながら焼く。

つけあわせを準備する

むらしている間に、つけあわせを準備する。レタス、ミニトマトは洗い、水気をきる。レタスは食べやすい大きさにちぎる。

盛りつける

卵はくずれやすいので、フライ返しを下に差し入れてハムの上に盛る。野菜を添える。好みで塩、しょうゆ、ソースなどをかけて食べる。

✓ Cooking Tips

フライパン調理のコツ（フッ素樹脂加工の場合）

焼く、炒めるなど、調理にフライパンは欠かせないもの。フライパンで調理するコツを押さえよう。

この本では、直径約24cmのフッ素樹脂加工のフライパンを使用。このくらいのサイズで深さが6～7cmあるものなら、カレーライス（p.60）のような煮こみ料理にも使える。

炒めものなどを作るときは、強火にしたくなるが、フッ素樹脂加工のフライパンは加工がいたみやすいので、強火はひかえる。

何も入れずに加熱する（空だき）のも、加工がいたむ原因に。油や食材を入れてから火をつける（特に強火の空だきは厳禁）。

フライパンの口径に合ったふたを用意しておくと便利。ハンバーグ（p.64）など、蒸し焼きの調理に使える。

疲れをいやしてくれるやさしい味

かきたまうどん

395kcal　塩分4.5g

15分

材料（1人分）

- ゆでうどん……1玉（250g）
- 卵……1個
- 万能ねぎ……1本
- しょうが……小1かけ（5g）
- A*
  - めんつゆ（3倍濃縮・市販）……大さじ2
  - 水……250㎖
- B
  - かたくり粉……大さじ½
  - 水……大さじ1

＊めんつゆをかけつゆとして使うときは、うすめる必要がある。濃度によって使用量は異なる。
〈Aの分量〉
2倍濃縮の場合
めんつゆ大さじ3＋水240㎖
4倍濃縮の場合
めんつゆ大さじ1½+水260㎖
ストレートの場合
めんつゆ250㎖＋水大さじ2

【ゆでうどん】写真は冷凍品。冷蔵タイプのものでもよい。

かきたまうどん3か条

その1 うどんはゆですぎない。

その2 水溶きかたくり粉でとろみをつける。

その3 卵を入れたら、ひと呼吸おいて混ぜる。

うどんを加熱する

うどんを袋の表示のとおりに、ゆでるか電子レンジで加熱する。丼に入れる（ゆでた場合は水気をきってから）。
卵をときほぐす。万能ねぎはキッチンばさみで2～3㎜幅に切る。しょうがはすりおろす（p.37）。**B**は合わせる（水溶きかたくり粉）。

かけつゆを作る

鍋に**A**を入れて強火にかける。煮立ったら少し火を弱める。**B**を混ぜて加え、おたまで混ぜながらとろみをつける。

弱めの

かたくり粉は水に沈みやすいので、加える直前にもう一度混ぜる。汁が煮立ったところに混ぜながら加えることで、とろみが均一につく。

とき卵を入れる

とき卵を汁に回し入れる。細く流すようにしながら、鍋の中に円を描くように加える。

一気に入れると、卵がかたまりになってしまう。

卵を混ぜる

ひと呼吸おいてからやさしくひと混ぜする。すぐに混ぜると、かけつゆがにごってしまうので注意。卵が半熟になったら火を止める。
うどんにかける。万能ねぎ、しょうがをのせる。

甘からいたれが食欲をそそる

さけのしょうゆ焼き

197kcal | 塩分2.0g

15分

さけのしょうゆ焼き 3か条

その1 魚に塩をふってくさみをとる。

その2 魚は全面に焼き色をつける。

その3 たれをかけながら味をつける。

材料〔1人分〕

	生さけ（切り身）	大1切れ（100g）
	塩	少々
	しめじ	½パック（50g）
	サラダ油	小さじ½
たれ	みりん	大さじ½
	酒	大さじ½
	しょうゆ	大さじ½

【生さけ】塩のついていない、生のさけ。切り身魚は、洗うとうま味まで流れてしまうので、洗わない。

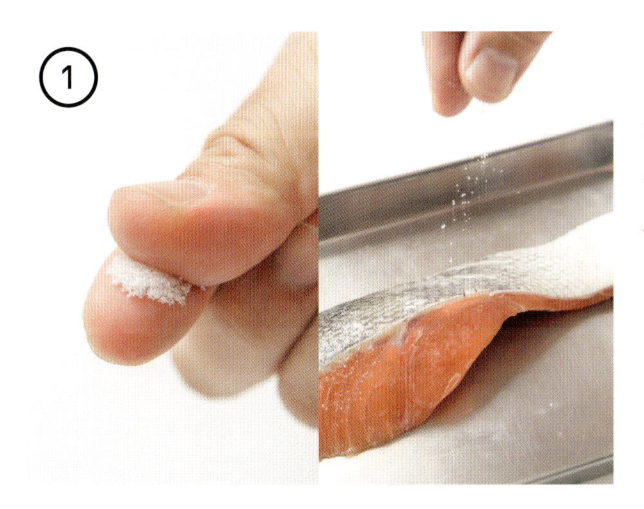

① さけに塩をふる

塩少々をとって、さけにふる。塩をふるのは上の面だけでOK。味がつくと同時に、生ぐさみがとれる。

塩少々は、親指と人差し指でつまんだ分量。小さじではかりにくいが、小さじ⅛弱程度。

② 塩をなじませる

さけに塩をなじませる。指でやさしくポンポンと押さえるようにする。5分ほどおく。

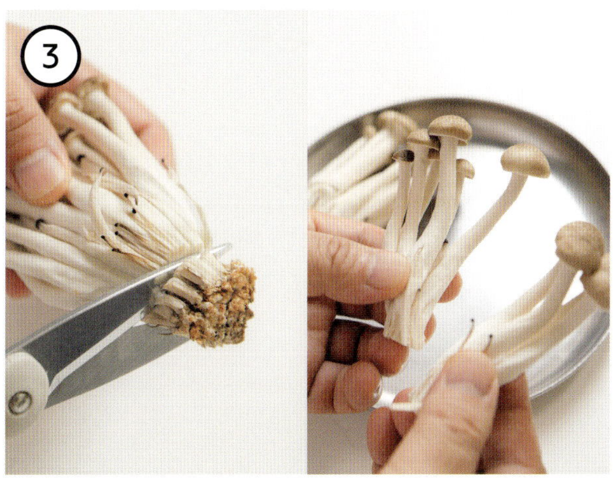

③ しめじを分ける

しめじは根元をキッチンばさみで切る。5、6本ずつの小房に分ける。

④ たれを合わせる

たれ［みりん・酒・しょうゆ各大さじ½］を合わせる。

調理している途中であわてないように、たれはここで合わせておく。

⑤ さけを表を下にして入れる

フライパンに油小さじ½を中火で温める。とろっとしていた油がサラサラと流れるようになったら、フライパンを回して油を広げる。さけを表になるほうを下にして入れる。

切り身魚は、皮がよく見えるほうが表側。「表」を上にして盛りつけるので、フライパンが汚れていない状態で表から焼くときれいに仕上がる。

⑥ 裏に返して焼く

3～4分焼いたら、フライ返しで持ち上げ、焼き色を確認する。色よく焼けたら（めやすは⑦の写真）、上下を返す。

裏返してから、焼き色がついていなかった！ということがないように注意。何度も返すと、きれいに焼けない。

⑦ 全面を焼く

全面に焼き色がつくまで、さらに3～4分焼く。裏面が色よく焼けたら、皮やフライパンの底にあたりにくい部分をフライパンの底や側面にあてて焼く。

さけに厚みがある場合や、皮がフライパンにあたりにくい形のときは、フライ返しや菜箸で支えながら、さけを傾けるようにして全面を焼く。全体が香ばしく仕上がる。

しめじを焼く

フライパンのあいているところにしめじを入れて焼く。

たれを加える

しめじに軽く焼き色がついたら火を止める。たれを回し入れ、弱火にかける。

たれをかけながら味をつける

たれが煮立って大きな泡が小さくなり、とろりとしてきたら、スプーンでたれをすくってさけに3、4回かける（身がくずれやすいので、返さない）。たれが少なければ、フライパンを傾けてすくうとよい。
表が上になった状態で仕上がるので、そのまま皿にとる。右前にしめじを盛り、さけとしめじに残ったたれをかける。

酒とみりん

料理をおいしくする調味料として欠かせない酒とみりん。その特徴と選び方を知っておこう。

酒

魚や肉などのくさみを消し、やわらかく仕上げる。
料理酒、またはふつうの「日本酒（清酒）」を使ってもよい。ただし、料理酒には、塩を加えているものがあるので注意する。

みりん

甘味やうま味があり、料理に照りやつやを出す。
「本みりん」を使う。似たものに「みりん風調味料」があるが、アルコール度が低く、塩分が含まれており、風味が異なる。

手軽で最強！のごはんのおかず

豚キムチ

323kcal　塩分2.6g

10分

豚キムチ3か条

その1 肉は広げて、あまり動かさずに炒める。

その2 キムチのうま味で味つけする。

その3 最後にしょうゆで香りづけする。

材料〔1人分〕

豚こま切れ肉……100g
塩・こしょう……各少々
はくさいキムチ（カット）……50g
万能ねぎ……5本
サラダ油……小さじ1
しょうゆ……小さじ1

【豚こま切れ肉】形のそろっていない薄切り肉の切れ端のこと。割安で扱いやすい。ももや肩ロースなどの薄切り肉でも同様に作れる。その場合はひと口大に切って使う。

1 肉を炒める

フライパンに油を中火で温める。とろっとしていた油がサラサラと流れるようになったら、フライパンを回して油を広げる。豚肉を広げてフライパンに入れる。塩、こしょうをふり、肉の赤いところがなくなるまで、時々裏返しながら、あまり動かさずに炒める。

2 キムチとねぎを加える

肉の両面が焼けたら、キムチを加える。万能ねぎはまとめて持ち、キッチンばさみで5㎝長さに切りながらフライパンに加える（根元は入れない）。全体を混ぜて炒める。

家庭用のガス台の火力は業務用のものに比べてはるかに弱い。熱量をしっかり伝えるために、フライパンはふらずに炒める。

3 しょうゆを加える

万能ねぎがしんなりしたら、しょうゆを回し入れ、ひと混ぜして火を止める。

しょうゆは最後に入れることで香りが立つ。

Basic lesson

ごはんを炊く

米１合で茶碗２杯分のごはん（約330g）が炊ける。米用カップで米を自然にすくい、指などですりきる。

※ごはんは一般的に、茶碗１杯約150g、丼ものは約200g。

１合＝米用カップ１＝180㎖＝150g。「米用カップ」は米をはかる専用のカップで、料理用の計量カップ（p.8）とは容量が異なる（計量カップ１＝200㎖）。

ボールに米を入れ、たっぷりの水を加える。ひと混ぜし、ざるで受けながら水を捨てる。

米は最初にふれた水分をすぐに吸収するため、ぬかのにおいがつかないうちに水を捨てる。水に出たぬかを米がなるべく吸わないように、手早く行う（②・③を２～３分で行う）。

米を手のひらで軽くシャッシャッと混ぜるようにしてとぐ（米１合につき約10回でＯＫ）。水を加えてすすぎ、ざるで受けながら水を捨てる。水をかえて、すすぎを３、４回くり返す。水が完全に透明になるまですすがなくてＯＫ。

最近出回っている米はぬかが少ないため、軽くとげばよい。力を入れすぎると米粒が割れるので、「シャッ」と軽い音がするくらいがめやす。

35℃以上の湯でとぐと、米のでんぷん質が変化し、おいしく炊けないので、冷たい水でとぐ。

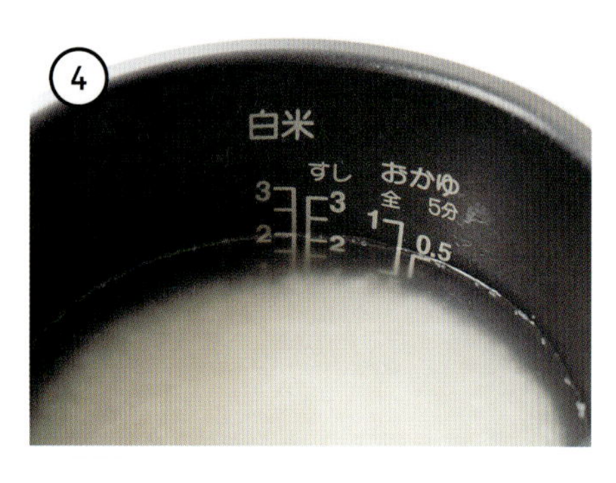

調理台など平らな台に炊飯器の内釜を置き、といだ米を入れる。「白米」の合数の目盛りに合わせて水を入れる。米を平らにならし、スイッチを入れて炊く。

炊飯器の「炊く」モードに浸水時間が含まれているものは、水を加えてすぐにスイッチを入れる。含まれていないものは、30分ほどおいて浸水させてからスイッチを入れる。

炊きあがったら、熱いうちにごはんをしゃもじで軽くほぐす。余分な水分がとんで、ふっくらおいしくなる。

下から返すようにして、全体をさっくり混ぜる。

LEVEL 2

帰宅後に
さっと作れる料理

いよいよ包丁を使った料理が登場。
包丁の正しい使い方をマスターすれば、
料理のレパートリーが広がる。

これができれば
LEVEL 2はクリア！

□まな板と包丁を正しく使える
□材料を指定の大きさに切れる
□煮もののコツがわかる

まな板、包丁を使う

まな板の準備

木製のまな板は、使う前にぬらして水気をふきとる。汚れやにおいがしみこみにくくなる（プラスチック製のものは、ぬらさなくてよい）。

まな板を使うときのポイント

●野菜は洗ってからまな板にのせる。
●〈野菜〉→〈肉・魚〉の順に切る。
●〈野菜や加工ずみ食品〉と、〈加熱していない生の肉・魚〉は、まな板の同じ面で切らないようにする（裏返す、または別のまな板を使う）。肉や魚のにおいが移ったり、細菌が野菜などについたりするのを防ぐため。生の肉や魚を扱ったあとは、水で流してから洗剤で洗う。

包丁のかまえ方

包丁を動かしやすくするために、体は調理台から少し離す。足を自然に開き、姿勢よく立つ。
包丁を持つ手と同じほうの足を一歩後ろに引いて立つと、まな板に対して体が斜めになり、材料に直角に包丁を入れやすくなる。

包丁のにぎり方

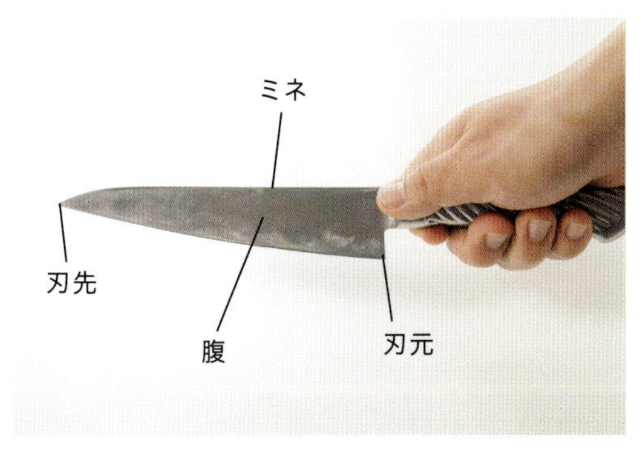

親指と人差し指で、つけ根部分をはさみ、刃がぐらつかないように持つ。

人差し指を包丁のミネにのせる持ち方も。刃先がぶれにくく、細かい作業に向く。

包丁の動かし方

包丁の刃を材料の上にのせる。

自然に力を加え、手前から向こう側へ、斜めにすべらせるように動かす。

材料は、包丁を持つ手の側から切るのが基本。まな板に対して材料は平行に置き、包丁は直角の位置で動かす。
包丁を持たない手は材料を押さえ、指先を丸める。人差し指か中指の第１関節が常に包丁の腹にあたるようにし、その手をずらしながら切る幅を調整する。

包丁を使わないときは

包丁を使わないときは、洗ってしまっておくのが基本。短時間まな板の上に出しておくときは、安定よく置くこと。
柄や刃が、まな板や調理台からはみ出しているのは危険。

肉でガッツリ、レモンでさっぱり

ねぎ塩豚丼

924kcal　塩分0.8g

15分

ねぎ塩豚丼 3か条

その1 肉に塩だれをしっかりまぶす。

その2 肉は広げて焼く。

その3 肉を焼くときは、あまりさわらない。

材料〔1人分〕

豚ばら肉（薄切り）……100g
ねぎ（緑の部分も含む）……½本（50g）
塩だれ
- にんにく……小1片（5g）
- 塩……小さじ⅛
- 酒……大さじ½
- ごま油……大さじ½
- 粗びき黒こしょう……適量

レモン（くし形切り）……⅛個
温かいごはん……200g

【豚ばら肉】赤身と脂肪が層になっている部位。
【にんにく】チューブ入りのおろしにんにくでもよい。

① ねぎを切る

ねぎは斜めに7～8㎜厚さに切る。

実物大

Basic lesson

レモンのくし形切り

丸いものを放射状に切ること。髪をとかす「櫛」に見立ててこう呼ぶ。

ころがらないようしっかり押さえて、縦半分に切る。

切り口を下にして置き、さらに縦半分に切る。

皮を下にして置き、放射状に切る。

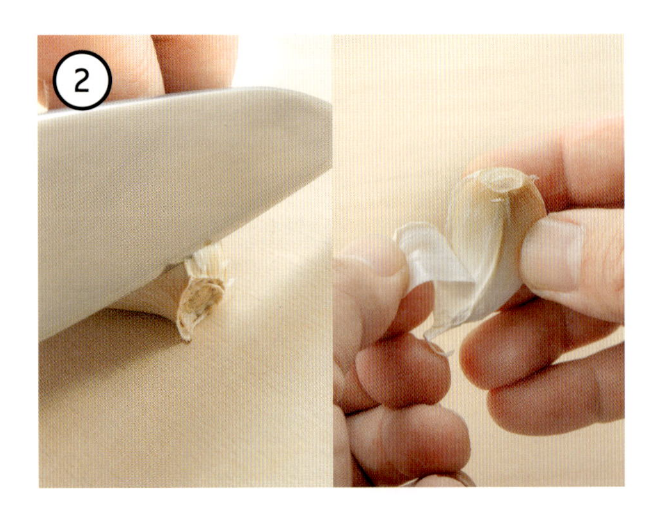

にんにくの皮をむく

にんにくはかたい根元を切り落とし、皮をむく。

にんにくをすりおろす

おろしがねでにんにくをすりおろす。力を入れて、円を描くように動かしてすりおろす。最後は手をすらないように注意。

塩だれを合わせる

トレーに塩だれ［にんにくのすりおろし5g、塩 小さじ⅛、酒 大さじ½、ごま油 大さじ½、粗びき黒こしょう適量］を合わせる。黒こしょうはスパイシーさが増すので、豪快にたっぷりと入れる。

肉を切り、たれをまぶす

豚肉は長さを半分に切る。④に肉を加え、全体にまぶす。

フライパンに並べる

フライパンに肉を広げて並べ(たれごと入れる)、すき間にねぎを入れる。

肉とねぎを焼く

中火にかけ、肉とねぎを焼く。肉は、裏面を見て、焼き色がついていたら裏返す。

焼けたかどうか何度も返したくなるが、さわりすぎるとカリッと上手に焼けない。油の音がピチピチしてきたら、1切れだけようすをみる。
フライパンはふらずに焼く(p.23)。

ねぎを炒め、混ぜる

ねぎをほぐすように炒める。肉の両面が焼けたら、全体を混ぜて火を止める。
丼にごはんをよそう。肉とねぎをのせ、レモンを添える。

甘めのケチャップライスと半熟卵が好相性

オムライス

888kcal 塩分4.5g

オムライス 3か条

その1 野菜は大きさをそろえて切る。

その2 ケチャップライスは、かくし味にソースを使用。

その3 卵はふんわり半熟をめざす。

材料〔1人分〕

温かいごはん……200g
ピーマン……1個（40g）
ハム……2枚
サラダ油……大さじ½
A｜トマトケチャップ……大さじ2
　｜中濃ソース……大さじ½
卵……2個
B｜牛乳……大さじ1
　｜マヨネーズ……大さじ1
バター……10g
ベビーリーフ*……10g
トマトケチャップ……適量

＊サラダ用の若菜がミックスされたもの。レタスやサラダ菜でも。

【ハム】厚みのあるものならボリュームもアップ。
【バター】パッケージに「無塩」と書かれたものは、主にパンやお菓子作りに使う。料理には有塩のものを選ぶ。

①ピーマン、ハムを切る

ピーマンはへたと種をとる。ピーマンとハムは1㎝角に切る。大きさをそろえて切ると、火の通りが均一になり、また、口あたりもよくなる。

Basic lesson
ピーマンの切り方

縦半分に切る。へたのまわりに切り目を入れる。

芯と種を一緒にとり除く。

内側を上にして（逆にすると包丁がすべって危ない）端から縦に切る。

角切りにするときは、横に向きを変えて置き、同様に切る。

ピーマン、ハムを炒める

A［トマトケチャップ大さじ2、中濃ソース大さじ½］は合わせる。フライパンに油大さじ½を中火で温め、①を炒める。全体に油がなじんだら、火を止める。**A**を加え、混ぜる。

ケチャップにソースを混ぜることでコクが増す。調味料はこげやすいので火を止めて混ぜる。

ごはんを炒める

ごはんを加え、再び中火にかけて炒める（ケチャップライス）。全体に**A**がなじんだら、皿に盛る。

卵をとき、味をつける

ボールに卵2個を割りほぐし、**B**［牛乳・マヨネーズ各大さじ1］を加えて混ぜる（マヨネーズの小さなかたまりがあってよい）。

卵は泡立てないように、箸の先をボールの底につけたまま、前後左右に動かしてときほぐす。卵白のかたまりは、箸先でつまんで切るようにする。

バターを溶かす

フライパンを洗い、水気をふきとる。バターを入れ、中火にかけて溶かす（完全に溶かさなくてよい）。

卵を半熟に焼く

卵液を入れ、火を少し強める。菜箸で4、5回、大きくゆっくりと円を描くように混ぜる。混ぜすぎると、いり卵のようになるので注意。

火が弱いと、焼けるまでに時間がかかるうえ、表面が乾き、おいしくできない。強めの中火で手早く焼く。

卵の形を整える

卵が半熟程度になったら火を止め、菜箸で卵を寄せるようにして形を整える。

ごはんにのせる

フライパンからすべらせながら、ケチャップライスの上に半熟の面を上にして卵をのせる。ケチャップ適量をかけ、ベビーリーフを添える。

肉はやわらか、ピリッと辛い。家庭料理の王道

豚肉のしょうが焼き

376kcal 塩分 1.8g

豚肉のしょうが焼き 3か条

その1 おろしたてのしょうがで香りよく仕上げる。

その2 肉は焼き縮みしないよう、切りこみを入れる。

その3 肉には下味を充分にしみこませる。

材料〔1人分〕

豚ロース肉（しょうが焼き用）……3枚（100g）
しょうが……1かけ（10g）
A しょうゆ……小さじ2
　酒……小さじ2
　みりん……小さじ2
サラダ油……小さじ1
〈つけあわせ〉
キャベツ……1枚（50g）

【豚ロース肉】適度に脂肪があってジューシー。しょうが焼き用のものはやや厚めにスライスされている。ドリップ（汁）はにおいがあっていたみの原因になるので、ドリップがたくさんしみ出ていないものを選ぶ。
【キャベツ】½、¼に切ってあるキャベツを買った場合は、50g分を1枚ずつはがして使う。

① しょうがをすりおろす

しょうがはすりおろす。**A**と合わせる（つけ汁）。

Basic lesson

しょうがをすりおろす

すりおろすと、味と香りが引き立つ。

しょうがの皮は、スプーンの柄などでこすり落とす。皮つきのままのほうが香りよく仕上がるので、目立った汚れなどがなければむかなくてもOK。

力を入れて、円を描くように動かしてすりおろすと、繊維が残りにくくなる。最後は手をすらないように注意。にんにくも同様にすりおろせる。

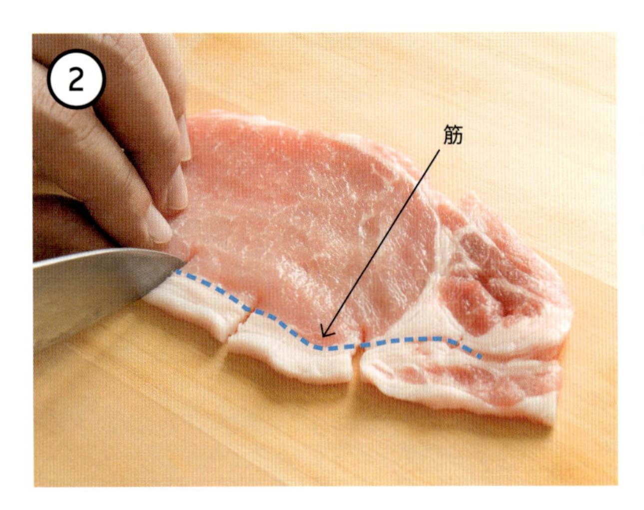

肉に切りこみを入れる

豚肉の赤身と脂身の境にある筋に２㎝間隔で切りこみを入れる。筋を切っておくと、加熱したときに肉が縮むのを防げる。

肉に下味をつける

トレーに肉を広げ、つけ汁をかける。10分ほどつけておく。

つけあわせを作る

肉をつけている間に、つけあわせのせん切りキャベツを作る。切ってから水に１～２分つけると、シャキッとした歯ごたえになる。水気をよくきり、皿に盛る。

水気をきるときは、ざるに入れて皿などをのせ、軽く上下にふると、しっかりきれる。あれば、野菜の水きり器を使っても。

Basic lesson

キャベツのせん切り

キャベツは葉を１枚ずつはがして洗い、芯を切りとる。

大きなものは、適当な大きさに切って、重ねて丸める。

端から細く切っていく。めざすは１～２㎜幅。でも、太くなっても気にしない！

つけ汁をしごき落とす

肉をとり出し、菜箸でつけ汁を軽くしごく。汁やしょうがが少し肉に残ってOK。しごき落とした汁はとりおく。

つけ汁が多くついているとこげやすいので、軽くしごいてとり除く。

肉を1枚ずつ入れる

フライパンに油小さじ1を中火で温め、肉を広げて並べる。

肉の両面を焼く

裏面を見て、焼き色がついていたら裏返し、肉の赤いところがなくなるまで、両面を焼く。

つけ汁をからめる

とりおいたつけ汁を加え、汁がふつふつとしてきたら、肉全体にからめ、火を止める。皿に盛り、鍋に残った汁をかける。

安くてうまい、栄養満点のスタミナメニュー

レバにら炒め

283kcal 塩分2.8g

レバにら炒め 3か条

その1 レバーは下処理をしてくさみをとる。

その2 野菜は炒めすぎず、シャキッと仕上げる。

その3 レバーと野菜は別に炒める。

材料〔1人分〕

豚レバー（スライス）……80g
A 酒……小さじ1
　しょうゆ……小さじ1
　しょうが……小1かけ（5g）
かたくり粉……大さじ1
ごま油……小さじ1
にら……½束（50g）
もやし……½袋（100g）
ごま油……大さじ½
B 砂糖……小さじ1
　しょうゆ・酒……各大さじ½
　塩・こしょう……各少々

【豚レバー】鮮度が落ちやすいので、ドリップ（汁）の出ていないものを選ぶ。
【もやし】ひげ根を除いた根切りタイプもある。その場合は、④でひげ根をとる必要はない。

① しょうがのしぼり汁をとる

しょうがはすりおろし（p.37）、指で押すようにしてしぼり汁をとる。ボールに**A**を合わせる。

② レバーの下処理をする

トレーにペーパータオルを敷く。レバーは大きければ食べやすい大きさに切る。ためた水の中でさっと洗う。水気をきってトレーに並べ、ペーパータオルで水気をよくとる。

血がくさみの原因になるので、水で洗ってから使う。

③ レバーを調味料につける

Aにレバーをつけて10分ほどおく。**B**は合わせる。

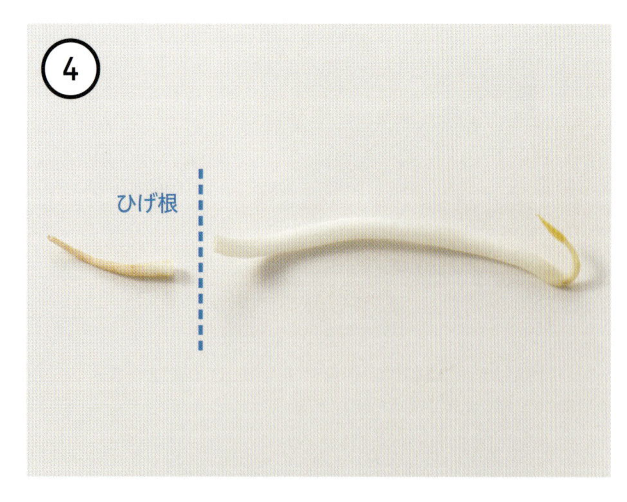

野菜を切る

もやしは、できればひげ根をとる（指で折るようにして切り離す）。ひげ根は、写真の切り離された左の部分。とらなくてもよいが、とったほうが口あたりがよくなる。にらは根元を少し落とし、3㎝長さに切る。

野菜を炒める

フライパンにごま油大さじ½を中火で温める。にらともやしを加える。強めの中火にして約1分炒め、全体に油をなじませる。

野菜に味をつける

Bから大さじ½をとって加える。全体を混ぜながらからめる。シャキッとしているうちに、火を止める。とり出して皿に盛る。

炒めすぎると野菜から水気が出て、ベチャッとしてしまうので、**B**が全体にからんだら火を止めてOK。また、にらは加熱しすぎると食感が悪くなる。強めの火加減で手早く炒めるのが肝心。

レバーの汁気をとる

トレーにペーパータオルを敷く。レバーをとり出し、ペーパータオルで汁気をとる。

調味料がついていると、焼いたときにこげやすいので、汁気をとっておく。

レバーに粉をまぶす

続いて、レバーにかたくり粉大さじ１をまぶす。

かたくり粉をまぶすことで、レバーがカリッと焼ける。また、たれにとろみがつき、味がよくからむ。

レバーを焼く

フライパンにごま油小さじ１を中火で温める。レバーを並べ、片面が色よく焼けたら裏返し、約１分カリッと焼いて、火を止める。

焼きすぎるとかたくなるので注意。

レバーに味をつける

Bの残りを加えて再び中火にかけ、全体にからめる。

盛りつける

レバーを野菜の上にのせる。

レバーと野菜を別に炒めることで、野菜はシャキッと、レバーはカリッと仕上がる。野菜の上にレバーをのせて、見た目にも肉料理らしさがup！

こっくりと深いみその味

さばのみそ煮

| 340kcal | 塩分3.4g |

25分

さばのみそ煮 3か条

その1 落としぶたをして、味をいきわたらせる。

その2 さばは返さず、調味料をかけながら煮る。

その3 みそはあとから入れて香りを立たせる。

材料〔1人分〕

- さば……半身1枚（200g）
- ねぎ……½本（50g）
- しょうが……1かけ（10g）
- A
  - 水……100㎖
  - 酒……50㎖
  - 砂糖……大さじ1
  - しょうゆ……小さじ1
- みそ……大さじ1½
- アルミホイル……30㎝角

【さば】脂がのる秋〜冬が最もおいしい時期。中骨（中央の太い骨）がついている身とついていない身がある。鮮度が落ちやすいので、買ったその日のうちに調理する。

落としぶたを作る

市販の落としぶたがない場合は、アルミホイルなどで作れる。
アルミホイルなどを鍋の大きさに合わせて切ったら、3、4つに折りたたみ、中心と2辺に切りこみを入れて穴を開ける。広げて使う。

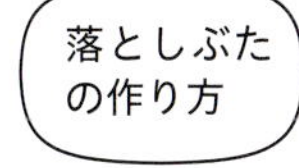

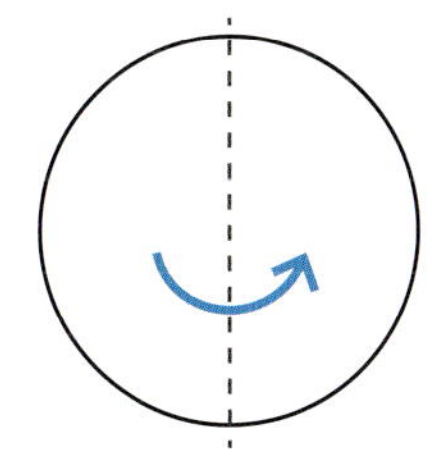

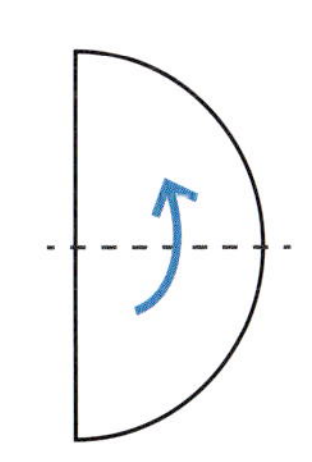

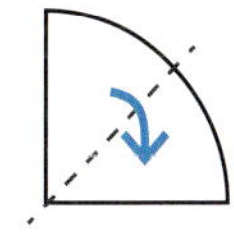

落としぶた

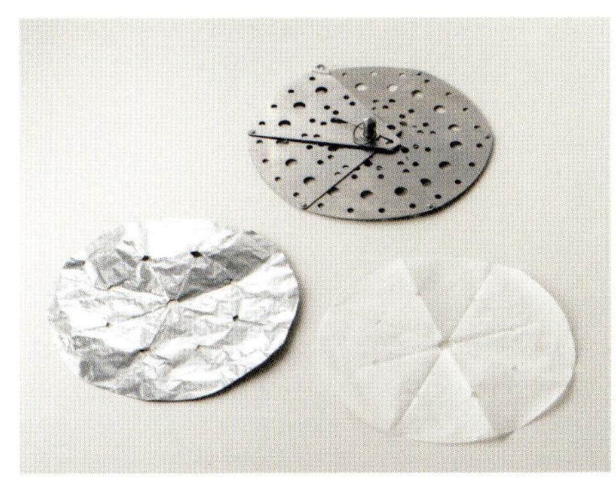

落としぶたとは、鍋の中で、直接材料にふれるようにのせるふたのこと。
ステンレス製などの商品が売られているが、アルミホイルやクッキングシートでも作れる（上記）。

落としぶたをすると、煮汁が少量でも調味液をまんべんなくいきわたらせることができる。また、材料が動きにくくなり、煮くずれを防ぐ効果も。

材料を切る

ねぎは5㎝長さに切る。しょうがは皮つきのまま薄切りにする。さばは2つに切り、皮に切り目を1、2本入れる。

皮に切り目を入れるのは、味をしみこみやすくし、皮がやぶれるのを防ぐため。

煮汁の材料を合わせる

鍋に**A**［水100㎖、酒50㎖、砂糖大さじ1、しょうゆ小さじ1］を合わせる。

鍋は魚が重ならずに入れられる大きさのものを使う。

煮立ったらさばを入れる

しょうがを入れて、中火にかけ、煮立ったところにさばを加える。

煮立った煮汁に入れると、外側がすぐに固まって、魚のうま味が逃げず、煮汁も生ぐさくならない。

さばに煮汁をかける

スプーンで煮汁をすくって、さばにかける。

魚の煮ものは上下を返すと身がくずれやすいので、上から煮汁をかけながら味をなじませる。また、煮汁をかけると、落としぶたをしたときに皮につきにくい。

さばを煮る

落としぶたをして、中火で約3分煮る。鍋のふたはしない。

弱火だと生ぐさみがとびにくいため、中〜強めの中火で煮る。

みそを溶いて途中で加える

落としぶたをとり、鍋のあいたところにねぎを加える。煮汁（大さじ2程度）をとって、みそ大さじ1½を溶き、鍋に戻し入れる。再び落としぶたをして、中火で約7分煮る。

みその香りを立たせるために、まず、みそ以外の味を含ませ、みそはあとから加える。始めからみそを入れると、魚にほかの味がなかなか入っていかない。

煮つめる

落としぶたをとり、さばに煮汁をかけながら煮つめていく。鍋を少し傾けると、煮汁をすくいやすい。煮汁がとろりとしてきたら、火を止める。
少し深さのある器に魚としょうがを盛り、右前にねぎを盛りつける。残った煮汁をかける。

食べ慣れたしょうゆ味が、しみじみおいしい

肉どうふ

| 543kcal | 塩分3.4g |

20分

肉どうふ3か条

その1 肉は汁の中でほぐしてから火にかける。

その2 濃いめの煮汁でとうふに味をつける。

その3 素材によって煮る時間に差をつける。

材料〔1人分〕

- 牛薄切り肉（切り落としなど）……100g
- とうふ（もめん）……200g
- たまねぎ……¼個（50g）
- えのきだけ……1袋（100g）
- A 水……100㎖
- 砂糖……大さじ1
- しょうゆ……大さじ1½
- 酒……大さじ1½
- 七味とうがらし……少々

【牛薄切り肉】肩ロース肉などを薄く切ったもの。空気にふれると赤くなるため、重なっている部分は黒ずんでいるが、古いわけではない。
【とうふ（もめん）】絹ごしのものに比べてかたく、歯ごたえがあり、煮くずれしにくい。やわらかい食感が好みの場合は、絹ごしでも作れる。

たまねぎを切る

たまねぎは繊維の向きにそって5㎜幅に切る。

Cooking Tips

たまねぎの繊維の向き

たまねぎの薄切りには、繊維にそって切る方法（縦切り）と断つ向きで切る方法（横切り）がある。レシピに指定がないときは、繊維にそって切る。
繊維にそって切ると煮くずれしにくい。
繊維を断って切ると、たまねぎの香りが強く出る。水にさらしたとき、辛味がとれやすく、生食に向く。

えのき、肉を切る

えのきだけは根元を落とし、粗くほぐす。牛肉は大きければ5～6㎝大に切る。

えのきだけなど、栽培もののきのこは土汚れがないので、洗わなくてOK。気になるときには、使う直前にさっと洗う。

とうふを切る

とうふは4等分に切る。

野菜などと違って、とうふはくずれやすい。切るときは、とうふは動かさずに、包丁の向きを変える(p.74)。

鍋に煮汁の材料を合わせる

鍋に**A**［水100㎖、砂糖大さじ1、しょうゆ大さじ1½、酒大さじ1½］を合わせる。

肉を煮汁に入れる

鍋に肉を加えてほぐす。中火にかけて、ほぐしながら煮る。

煮汁を火にかける前に肉を入れてほぐし、ほぐしながら加熱すると、肉がかたまりになるのを防げる。

アクをとる

煮汁の表面に浮いてきたアクをすくいとる。どんどん出てくるが、ある程度とれればよい。

すくったアクは、ボールにぬるま湯をはり、その中ですすぐ(水よりも肉や魚の脂が落ちやすい)。

とうふと野菜を加える

アクがとれたら肉を端に寄せ、とうふ、たまねぎ、えのきを区分けして加える。

肉を先に煮ることで、煮汁に肉の味が含まれ、おいしく煮あがる。野菜やとうふから水分が出て煮汁が増えるため、落としぶたは不要。

煮る

強火にして、煮立ったら、ふたをずらしてのせる。弱火にし、5～6分煮る。

ふたをずらしてのせると、煮汁の蒸発を防ぎながらも、肉のくさみがこもらず、おいしく煮える。

煮つめる

ふたをとり、強火で汁気をとばして煮つめる。煮汁の量が、鍋を傾けたときにやっと見えるくらいになるのがめやす。器に盛り、七味とうがらしをふる。

ジューシーでボリューム満点

とり肉のガーリックソテー

567kcal　塩分2.2g

30分

とり肉のガーリックソテー3か条

その1 とり肉の厚みを均一にする。

その2 にんにくは弱火で炒めて、こがさない。

その3 とり肉の皮を香ばしく焼き上げる。

材料〔1人分〕

とりもも肉……小1枚（200g）
A 塩……小さじ¼
　こしょう……少々
にんにく……1片（10g）
サラダ油……小さじ1
〈つけあわせ〉
グリーンアスパラガス……2本
サラダ油……小さじ1
B 塩……少々
　水……大さじ1

【とりもも肉】とり肉は、牛・豚肉と比べて水分を多くふくむので、いたみやすい。ドリップ（汁）の少ない新鮮なものを買い求め、1～2日のうちに調理する。もも肉は、ほどよい脂肪とコクがある。

①アスパラの根元を落とす

アスパラガスは根元のかたい部分を1～2㎝切り落とす。

②アスパラの皮をむく

アスパラガスの根元のかたい皮は皮むき器でむき、長さを半分に切る。

アスパラは根元から⅓あたりまで皮がかたいのでむく。皮むき器を使うとむきやすい。

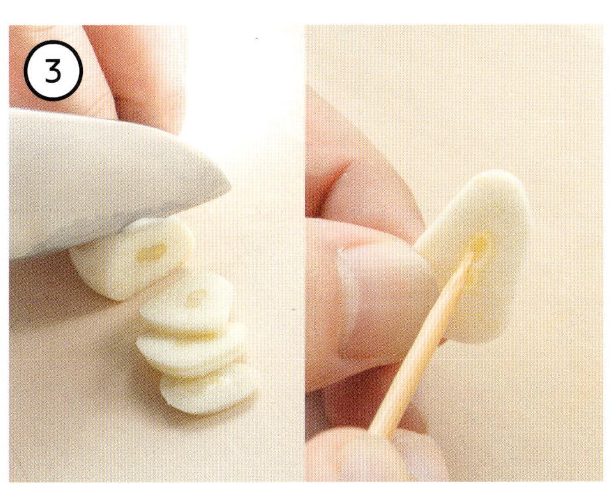

③にんにくを切る

にんにくはかたい根元を切り落とし（p.30）、皮をむく。横向きに置き、薄切りにする。

中心にある芽は炒めたときにこげやすい。切ると自然にとれるが、残っているときは、竹串で突いてはずす。

肉の厚みに切りこみを入れる

とり肉は、皮側を下にしてまな板に置き、身の厚い部分に１㎝深さの切りこみを約２㎝間隔で入れる。

肉の厚みを均一にする

厚みが均一になるように、手で厚い部分を広げてならす。厚みが均一になり、まんべんなく火が通る。

肉に下味をつける

肉の上下を返し、皮にフォークでところどころ穴を開ける。穴を開けると、皮が縮みにくくなり、火が通りやすくなる。**A**［塩小さじ¼、こしょう少々］を両面にふる。

アスパラを炒め煮にする

フライパンに油小さじ１を温める。アスパラを入れる。表面に油がまわったら、**B**［塩少々、水大さじ１］を入れ、中火でころがしながら水分がなくなるまで焼く。火を止めてとり出す。

にんにくを炒める

フライパンに油小さじ１をたし、弱火でにんにくを炒め、にんにくの香りを油に移す。にんにくが色づいたら火を止める。油は残して、にんにくをペーパータオルの上にとり出す（にんにくチップ）。

にんにくはこげやすいので、弱火で炒め、油に香りを移す。色よく焼けたらとり出す。

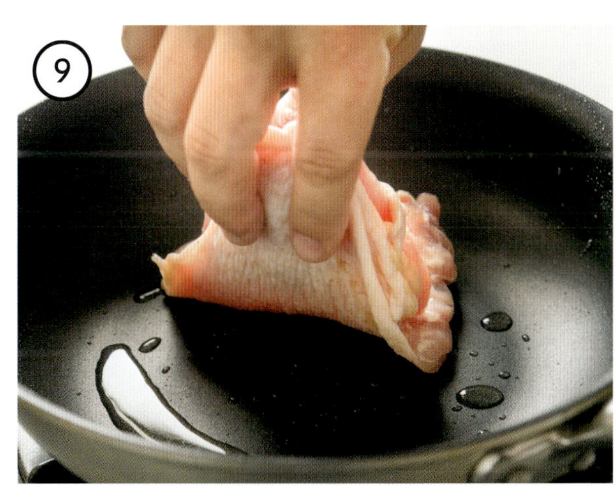

肉を皮を下にして入れる

フライパンに残った油の中に、肉を皮を下にして入れる。

肉を押しつけながら焼く

中火にかけ、６～７分焼く。フライ返しで肉をフライパンに押しつけながら焼くと、皮がこんがりと焼ける（油はねに注意）。皮が色よく焼けたら（めやすは⑪の写真）裏返す。

にんにくを炒めた油と焼いて出てくる肉の脂で、パリッと焼ける。

余分な脂を吸いとる

ペーパータオルで余分な脂を吸いとりながら、中に火が通るまで約５分焼く。
皿に肉を盛り、にんにくチップを散らす。アスパラを添える。

余分な脂を吸いとることで油ははねにくくなる。

屋台メシも、家で作ればさらにうまい！

ソース焼きそば

683kcal　塩分3.1g

15分

ソース焼きそば3か条

その1　野菜は炒めすぎず、歯ごたえを残す。

その2　めんは、水をたしてほぐしながら炒める。

その3　２種のソースで味に深みを出す。

材料〔1人分〕

焼きそば用蒸しめん……1玉（170g）
　水……大さじ1
豚ばら肉（薄切り）……50g
キャベツ……1枚（50g）
ピーマン……小1個（25g）
にんじん……20g
｜ウスターソース*……大さじ1
｜中濃ソース*……大さじ½
サラダ油……小さじ1
紅しょうが……20g
青のり……適量

＊ここでは2種類使うことで味に深みを出している。
どちらかをとんかつソースなどに替えても。

【焼きそば用蒸しめん】スーパーで売られている中華めんには、ラーメン用の生めんと焼きそば用の蒸しめんがある。間違えないように注意。

材料を切る

にんじんは皮をむく。4つ割りにして2～3㎜厚さの薄切り、ピーマンはへたと種をとって（p.33）4～5㎜幅の細切りにする。キャベツは芯をとって（p.38）3㎝角に切る。豚肉は4㎝長さに切る。

材料を炒める

フライパンに油小さじ１を中火で温める。肉とにんじんを入れ、肉の色が変わるまで炒める。肉の色が変わったら、キャベツ、ピーマンを加え、全体に油がなじんで少ししんなりするまで炒める。

火が通りにくいにんじんは、先に肉と炒める。

めんをほぐして炒める

めんと水大さじ１を加える。30秒くらいたって湯気が出てきたら、菜箸でめんをほぐしながら炒める。

ソースであえる

めんがほぐれたら、ウスターソース大さじ１と中濃ソース大さじ½を加え、全体になじませる。
ソースがなじんだら火を止め、皿に盛る。青のりをふり、紅しょうがをのせる。

LEVEL 3

休日にじっくり作りたい料理

包丁使いに慣れてきたら、
少し手のこんだ料理に挑戦。
本格的な調味料も使って、味の満足度も星3つ。

これができれば
LEVEL 3はクリア！

- □さまざまな食材の扱い方がわかる
- □切り方のバリエーションが増える
- □おもてなし向きの料理が作れる

具はゴロッと大きめ、ひと皿で満足の食べごたえ

カレーライス

868kcal ｜ 塩分2.8g

材料〔2人分〕

- 豚肩ロース肉（角切り）……200g
  - 塩・こしょう……各少々
- にんにく……1片（10g）
- たまねぎ……½個（100g）
- にんじん……¼本（50g）
- じゃがいも……小1個（100～150g）
- サラダ油……大さじ1
- 水……400㎖
- 赤ワイン……大さじ2
- カレールウ……2皿分
- ガラムマサラ……小さじ1
- 温かいごはん……400g
- 福神漬け・らっきょう漬け……各適量

【豚肩ロース肉】適度に脂肪があり、コクがある部位。煮こむとやわらかくなる。「カレー・シチュー用」として切って売られているものを使う。

カレーライス3か条

その1 材料は大きめに切って存在感を出す。

その2 赤ワインでコクを出す。

その3 ガラムマサラで香りを立たせる。

野菜を切る

じゃがいもは皮をむき、2～3㎝大に切る。水に約1分さらして、水気をきる。たまねぎも同じ大きさに切る。にんじんは皮をむいて1.5㎝角に切る。にんにくはみじん切り(p.69)にする。

じゃがいもは空気にふれると、変色しやすいため、切ったらすぐに水にさらす。全体的に大きめに切って食べごたえを出しているが、にんじんは色合いが鮮やかで目立つので、やや小さめに切るとよい。

Basic lesson

野菜の下準備

じゃがいもは泥がついているので、たわしで泥をこすり落とすようにしてよく洗う。

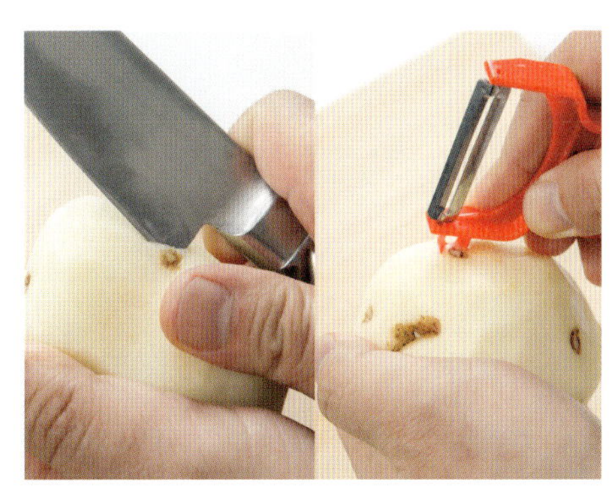

じゃがいもの芽には「ソラニン」という毒素が含まれているのでとる。芽があれば、包丁の刃元か皮むき器の「芽とり」でとる。

じゃがいもやにんじんの皮をむくときは、皮むき器を使っても。刃を材料に当て、表面を一定方向に軽くスライドさせる。

たまねぎは、茶色の薄皮をとる。白と茶色の混ざっている皮は、茶色いところだけを除けばよい。

肉に下味をつける

豚肉200gに塩・こしょう各少々をふる。指で軽く押さえるようにしてなじませる。

野菜と肉を炒める

深めのフライパンか厚手の鍋に油大さじ１とにんにくを入れ、弱火で炒める。香りが出てきたら、たまねぎを加えて中火で炒め、油がまわったら端に寄せる。あいているところに肉を加え、全面を焼く（肉の表面に赤いところがなくなればOK。中まで火を通さなくてよい）。にんじん、じゃがいもを加えて炒める。

水分を加えて煮始める

油が全体にまわったら、水400㎖、赤ワイン大さじ２を加える。強火にして煮立てる。

赤ワインを加えることで
風味が増す。

アクをとって煮る

煮立ったらアクをとり、弱火にして、肉がやわらかくなるまで15～20分煮る。

火を止めてルウを加える

火を止めて、ルウ2皿分を加える。よく混ぜて溶かす。

煮立った状態でルウを入れると、よく混ざらないうちにルウのでんぷんが固まってダマ（粉などのかたまり）になってしまう。

とろみがつくまで煮る

ふたたび火をつけ、時々混ぜながら弱火で約5分、とろみがつくまで煮る。

ガラムマサラを加える

味をみながらガラムマサラ小さじ1を加えて混ぜ、火を止める。
器にごはんを盛り、カレーをかける。好みで福神漬け、らっきょう漬けを添える。

ガラムマサラなどのスパイスは、容器から直接ふり入れると、料理の湯気で容器の中身がしけてしまうので、小皿にとって加える。

カレールウとガラムマサラ

市販のカレールウは、さまざまなスパイスを合わせて作られている。ルウだけでも充分おいしく作れるが、仕上げにガラムマサラを使うと香りや辛味が加わり、本格的な味にぐっと近づく。

カレールウはメーカーによって味わいが異なる。好みのものを選んでOK。
分量はパッケージの表示で確認する。

ガラムマサラはチリペッパー、クミン、シナモン、こしょうなどを合わせたインドのミックススパイス。

外は香ばしく、中はふんわりジューシー

ハンバーグ

526kcal ｜ 塩分2.1g

材料（2人分）

合いびき肉	250g
たまねぎ	½個（100g）
サラダ油	大さじ½
A 食パン（8枚切り）	½枚（25g）
A 牛乳	大さじ1
A とき卵	小1個分
B 塩	小さじ⅙
B 黒こしょう	少々
サラダ油	大さじ½
白ワイン	大さじ2
〈ソース〉	
中濃ソース	大さじ2
トマトケチャップ	大さじ½
〈つけあわせ〉	
じゃがいも	1個（150g）
塩・こしょう	各少々
サラダ油	小さじ1

【合いびき肉】牛肉と豚肉を合わせてひいたものが一般的。牛肉のうま味と豚肉の脂肪のジューシーさがほどよく混ざっていて、幅広い料理に使える。

ハンバーグ3か条

その1 食パンを加えて、ふっくら仕上げる。

その2 外側を焼きかためて、肉のうま味をとじこめる。

その3 蒸し焼きにして中まで火を通す。

1

たまねぎを切る

たまねぎはみじん切りにする。

Basic lesson

たまねぎのみじん切り

たまねぎは冷やしておき、よく切れる包丁で切ると、涙が出にくい。

切り口をまな板にあて、根元のほうを少し残して細かい切りこみを下まで入れる。

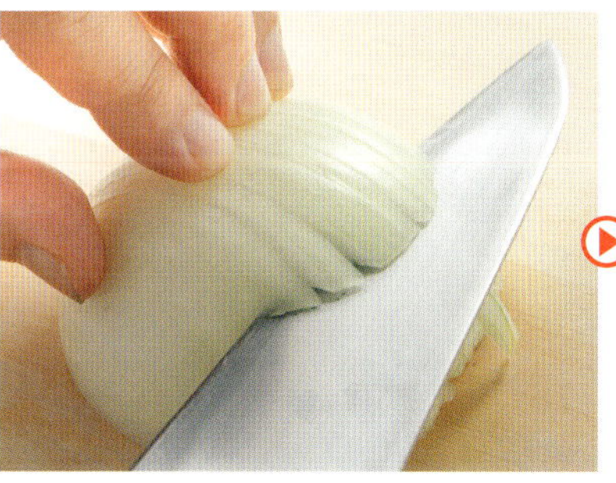

手前にあった部分を右にして向きをかえ、包丁を横にして、根元のほうを少し残して厚みに1、2か所切りこみを入れる。

手前と奥をしっかり押さえ、切りこみを入れた側から細かく切っていく。

残りの根元に近い部分は、放射状に切りこみを入れる。

根元を残して端からきざむ。

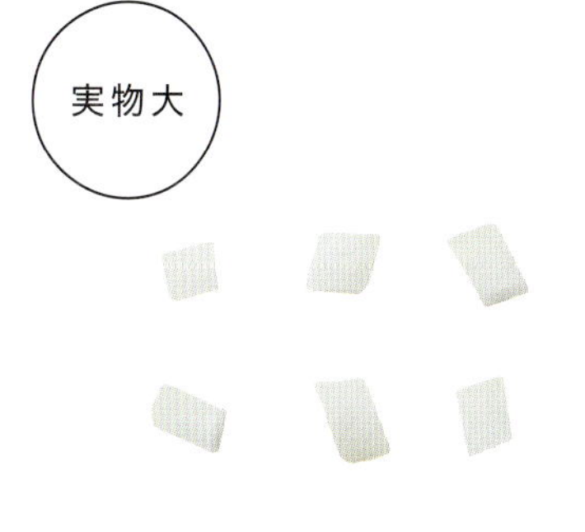

2

たまねぎを炒める

フライパンに油大さじ½を入れて温め、たまねぎを入れて、中火でよく炒める。しんなりしてきたら、火を弱めて炒め、薄く色づいたら、トレーにとり出してさます。

たまねぎをよく炒めると、甘味とうま味が出る。また、熱いままだと、肉に混ぜたときに肉の一部に火が通ってしまうので、必ずさます。

いもを加熱する

じゃがいもは皮をむいて半分に切り、5㎜厚さに切る。耐熱皿に入れてラップをかけ、電子レンジで約1分30秒（500W）加熱する。フライパンに油小さじ1を温め、中火でじゃがいもの両面を色よく焼く。塩・こしょう各少々で味をととのえ、とり出す。フライパンの汚れをペーパータオルでふく。

レンジで加熱しておくことで、焼く時間を短縮できる。

食パンに水分を合わせる

ボールにA［食パン½枚（25g）、とき卵小1個分、牛乳大さじ1］を入れ、指で食パンをつぶしながら混ぜる。

パンやパン粉を入れるとふっくら仕上がる。一般的にパン粉を使うが、1袋買っても余りがち。ここでは食パンで代用する。パン粉を使う場合、分量はカップ½（20g）。

肉だねを作る

別のボールにひき肉、②のたまねぎ、④、B［塩小さじ⅙、黒こしょう少々］を加え、手で混ぜる。混ぜすぎると肉がしまってかたくなってしまうので、全体がまとまって、ボールに肉のねばりのあとがつくようになればOK（めやすは20回程度）。2等分してまとめる。

肉だねの中の空気を抜く

両手に交互に10回ほど打ちつけるようにして、中の空気を抜く。

中に空気が入っていると、焼くときに膨張して、ひびが入る原因になる。

成形する

1.5～2㎝厚さの楕円形に形作る。片面の中央を指で軽く押してくぼませる。

焼くと肉が縮んで中央が厚くなり、火の通りが悪くなるため、くぼませる。めやすは、厚みの⅓程度。

焼き始める

フライパンに油大さじ½を入れ、中火で温める。⑦を並べて1～2分焼く。

表面を焼きかためると肉汁がとじこめられ、うま味が逃げない。

裏返して、蒸し焼きにする

焼き色がついたら（めやすは⑩の写真）、フライ返しを下にさし入れて裏返す。弱火にして白ワイン大さじ2を加え、ふたをして約8分蒸し焼きにする。焼いている間にソース［中濃ソース大さじ2、トマトケチャップ大さじ½］を合わせる。

▶

焼き加減をみる

竹串を刺し、出てくる肉汁が透明なら焼きあがり。肉汁が赤ければ、ふたをしてさらに1分ほど蒸し焼きにする。
皿に盛り、ソースをかける。③を添える。

合いびき肉は中までしっかり火を通すために、長めに蒸し焼きにする。

あさりのうま味を生かした味に歓声があがる

あさりのトマトパスタ

579kcal ｜ 塩分2.8g

30分

材料〔2人分〕

- あさり（砂抜きずみ）……200g
- たまねぎ……¼個（50g）
- にんにく……1片（10g）
- オリーブ油……大さじ1
- トマト水煮（ホール）……400g
- 白ワイン……大さじ1
- 赤とうがらし……½本
- 塩……小さじ¼
- こしょう……少々
- スパゲティ……200g
  - 湯……2ℓ
  - 塩……大さじ1
- イタリアンパセリ……2枝
- オリーブ油……適量

【あさり】口がしっかり閉じているものを選ぶ。さわるとキュッとかたく閉じるものが新鮮。**【トマト水煮】**缶や紙パックに入って売られている。カットタイプならつぶす手間がいらないが、ホールのほうが口あたりがなめらかに仕上がる。「トマトソース」は調味料で味つけされたものなので、買うときに間違えないように。

あさりのトマトパスタ 3か条

その1 あさりはしっかり砂抜きする。

その2 トマトソースは、火加減をこまめに調整する。

その3 スパゲティはタイミングよくゆであげる。

あさりの砂抜きをする

あさりは塩水（水200㎖に対し塩小さじ1、材料外）につけて砂抜きをする。

「砂抜きずみ」のものでも砂が残っている場合がある。30分程度、砂抜きをすると安心。

Basic lesson

あさりの砂抜き

あさりを海水程度の塩水（3％＝水200㎖に対し塩小さじ1）につける。水の量は、あさりが少し水から出る程度。

暗いところに約30分間おく。皿や新聞紙などをかぶせると、あさりが安心して砂を吐く。また、吐いた水が飛び散るのを防げる。

充分に砂を吐かせたら、あさりをとり出し、真水を入れたボールに入れる。殻と殻をこすり合わせるようにして流水で洗う。

香味野菜を切る

たまねぎはみじん切りにする（p.65）。にんにくはみじん切りにする。赤とうがらしは種をとる。

Basic lesson

にんにくのみじん切り（つぶして切る方法）

つぶすときは包丁の刃にふれないように注意！

にんにくはかたい根元を切り落とし、皮をむく。縦半分に切る。

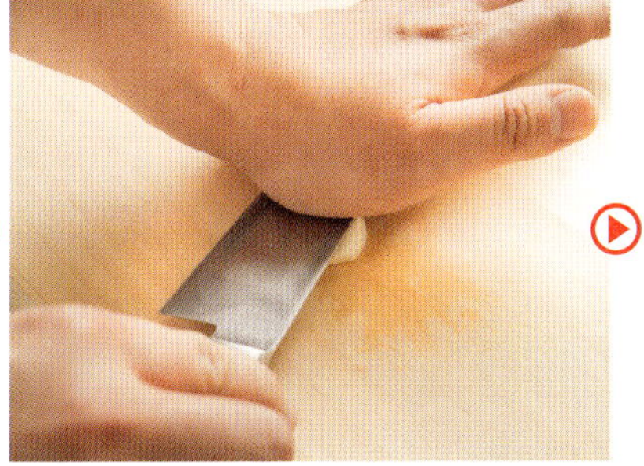

切り口を下にしてまな板に置いて安定させ、包丁の腹でつぶす（割る）。

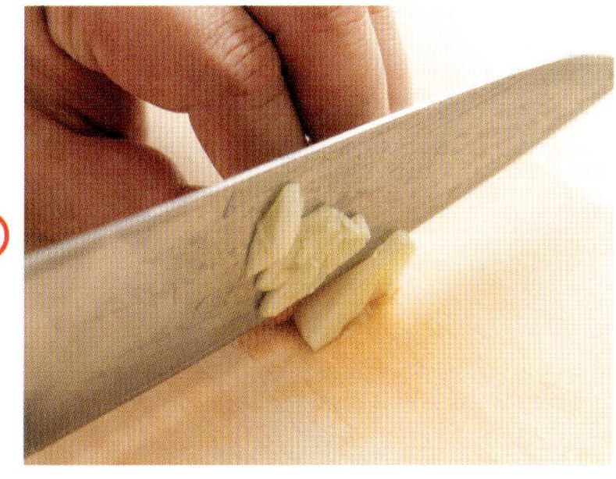

端から切っていく。

香味野菜を炒める

深めのフライパンにオリーブ油大さじ１とたまねぎ、にんにくを入れ、たまねぎが透き通るまで弱火で１～２分炒める。

弱火

トマトを煮る

フライパンにトマト水煮400gを加えて中火にし、木べらで実をつぶしながら混ぜる。混ざったら赤とうがらし½本を加え、弱火にして約10分、とろみがつくまで煮る。塩小さじ¼、こしょう少々で味をととのえる。

▶

あさりを煮る

トマトソースを煮ている間にスパゲティのゆで湯２ℓを大きめの鍋に沸かし始める。
④にあさり、白ワイン大さじ１を加えて中火にし、殻が開くまで２～３分煮る。殻が開いたら火を止める。

ソースができあがるタイミングでパスタをゆであげるのがベスト。加熱しても殻が開かないあさりは、食べられないのでとり除く。

スパゲティをゆでる

ゆで湯が沸騰したら、塩大さじ１を加えて、表示のとおりにスパゲティ200gをゆでる(p.71)。ゆで湯を小さじ２ほどとりおき、スパゲティの水気をきる。

▶

ソースをあえる

ソースがさめていたら、中火で温め直して火を止める。ソースが煮つまっていたら、⑥でとりおいたゆで湯でソースの濃さを調節。フライパンの熱いソースにスパゲティを加えてあえる。

パスタの火通りがどんどん進むので、火を止めて手早くあえる。

盛りつける

皿に盛り、好みでオリーブ油をかける。パセリの葉をつんでのせる。

Basic lesson

パスタをゆでる

パスタ料理を作るうえで最も重要なのが、パスタを歯ごたえよくゆでること。湯の量やゆで時間など、パスタのゆで方をマスターしよう。

深さのある鍋（なければ、口径の広い鍋）に、たっぷりの湯を沸かす。沸騰したら塩を加える。
スパゲティ 200g なら、湯は 2 ℓ、塩は大さじ 1 がめやす。
塩を加えることで、パスタにほどよい塩味がつき、コシのあるゆであがりになる。また、沸点を上げ、湯の温度を高く保つ効果も。

塩を入れて再沸騰したら、パスタを加え、手早く湯に沈める。
タイマーは、袋の表示時間より 1 分ほど短くセット。
ゆでている間は、パスタが揺れ動くくらいの火加減を保つ。パスタ同士がくっつかないよう、全体を時々混ぜながらゆでる。

タイマーが鳴ったら 1 本とり出してゆで具合をチェック。爪を立ててみて、適度に手ごたえが残るくらいにゆでる。この状態が「アルデンテ」。
ゆであがってからも加熱は進むので、ここから先は、とにかく手早く行う。

料理店のような本格的な味わいを家庭でも

麻婆豆腐（マーボードウフ）

376kcal | 塩分2.9g

20分

麻婆豆腐 3か条

その1 香味野菜は、弱火で炒めて香りを出す。

その2 とうふは水きりして味わいよく。

その3 調味料にこだわり、本場の味に近づける。

材料〔2人分〕

とうふ(絹)……1丁(300g)
豚ひき肉……100g
A ねぎ……½本(50g)
しょうが……小1かけ(5g)
にんにく……小1片(5g)
豆板醤(トウバンジャン)……小さじ½〜1*
サラダ油……大さじ1
B 甜麺醤(テンメンジャン)……大さじ1
しょうゆ……大さじ1
酒……大さじ1
砂糖……小さじ½
とりがらスープの素……小さじ½
かたくり粉……小さじ2
水……150mℓ
ごま油……大さじ½
花椒(ホワジャオ)(粉末)……3ふり分*
ラー油……適量*

*辛いのがにが手な人は少なめに、好きな人は多めに。好みによって調節する。

【豚ひき肉】赤身のものと、脂肪が多めのものが売られている。脂肪が多めのほうが、やわらかくジューシーに仕上がる。
【とうふ(絹)】きめが細かくすべすべとした質感で、口あたりがなめらか。歯ごたえのある食感が好みの場合は、もめんでも作れる。

① 香味野菜を切る

Aの香味野菜はみじん切りにする。

「ねぎ、しょうが、にんにく」この3つは中華の味わいに欠かせない香味野菜。肉や魚のくさみを消して、料理の香りや味わいを深める。

ねぎのみじん切り

たまねぎとは切り方の手順が異なるので、ここでチェック。

包丁の刃先を使って、縦方向に3〜4㎝長さの切りこみを入れる。

切りこみを入れた部分が開かないように押さえ、端から切っていく。これをくり返す。

② とうふを切って水きりをする

とうふは1.5㎝角に切る。トレーにペーパータオルを敷き、とうふを広げておく。5～10分おくと、軽く水きりができる。

水きりをすることで、煮くずれしにくくなり、仕上がりが水っぽくなるのを防ぐ。

Basic lesson

とうふをさいの目(サイコロ状)に切る

麻婆豆腐のほか、みそ汁などに使うときに。

包丁を寝かせて、厚みを半分に切る。

とうふは動かさず、包丁の向きを縦横に変えて、サイコロ状に切る。

③ 調味料を合わせる

ボールに**B**[甜麺醤大さじ1、しょうゆ大さじ1、酒大さじ1、砂糖小さじ½、とりがらスープの素小さじ½、かたくり粉小さじ2、水150㎖]を合わせる。

Cooking Tips

使ってみよう、中華料理の調味料

調味料にこだわって作ると、本格的な味に近づく。スーパーで買えるものが多いので、手軽にそろえられる。

豆板醤(トウバンジャン)

そら豆や赤とうがらしなどを発酵させた赤色のみそ。辛味を出すときに使われる。炒めると香りが立つ。

甜麺醤(テンメンジャン)

練った小麦粉を発酵させた黒褐色のみそ。甘味があり、肉や野菜につけてそのまま食べてもおいしい。

花椒(ホワジャオ)

山椒(さんしょう)の仲間の香辛料。さわやかな香りとしびれるような辛味が特徴。手に入らないときは、なくてもＯＫ。または、日本の山椒を使っても(風味は異なる)。固形のものなら、包丁の腹でつぶして使う。

香味野菜を炒める

深めのフライパンにサラダ油大さじ１と①を入れ、香りが出るまで弱火で１～２分炒める。豆板醤小さじ½～１（好みで量を加減し、辛さを調節する）を加える。

弱火

ひき肉を炒める

ひき肉100gを加える。混ぜながら中火で１～２分炒め、パラパラにする。火を止める。

調味料を加えて煮る

Bのかたくり粉は沈殿しやすいので、ひと混ぜしてから加える。とうふを加えて強めの中火にかけ、煮立ったら弱火にし、できるだけとうふがくずれないように、やさしく混ぜながら１～２分煮る。

強めの中火 ▶

仕上げの香りづけをする

とろみがついたら、ごま油大さじ½を回し入れる。花椒を器にとって加え、ひと混ぜしてから火を止める。
器に盛り、ラー油をたらす。

具と一緒に炒めるホワイトソースで失敗知らず

えびマカロニグラタン

689kcal　塩分3.2g

えびマカロニグラタン 3か条

その1 えびは洗ってくさみをとる。

その2 小麦粉はこがさないように炒める。

その3 ホワイトソースは混ぜながらとろみをつける。

材料〔2人分〕

むきえび	100g
水	200㎖
塩	小さじ1
グラタン用マカロニ	100g
湯	1ℓ
塩	小さじ1
たまねぎ	½個（100g）
マッシュルーム（白）	4個
ブロッコリー	50g
〈ホワイトソース〉	
バター	30g
小麦粉	大さじ3
牛乳	400㎖
塩	小さじ¼
こしょう	少々
ピザ用チーズ	70g

【えび】形、大きさがそろい、身が透き通っているものを選ぶ。冷凍したものを解凍して売られていることが多いので、使いきる。120gくらいまでなら残さず使ってよい。
【マカロニ】「グラタン用」を使用。記載のないものやサラダ用、早ゆでタイプなどでも作れる。

① 野菜を切る

たまねぎは3㎜幅の薄切りに、マッシュルームは軸を切り落とし、5㎜厚さに切る。ブロッコリーは2～3㎝大の小房に分ける。つぼみがバラバラにならないように、茎に包丁を入れるとよい。

② えびを洗う

ボールに塩水［水200㎖に塩小さじ1］を作り、むきえびを入れてもみ洗いする。汚れがとれ、くさみもとれる。水で軽く洗い流し、ペーパータオルで水気をふく。

マカロニとブロッコリーをゆでる

鍋に1ℓの湯を沸かし、塩小さじ1を加える。マカロニを入れて、袋の表示どおりにゆでる。ゆであがる約1分前になったらブロッコリーを加え、時間になったら一緒にざるにとる。

強めの
中火

たまねぎを炒める

深めのフライパンにバター20gを中火で溶かし、たまねぎを入れる。透き通るまで中火で約2分炒める。

具を加える

えび、マッシュルームを加え、全体を混ぜる。

粉を加えて炒める

全体が混ざったらフライパンにバター10gをたし、小麦粉大さじ3をふり入れる。粉気がなくなり、全体になじむまで炒める。色づくまで炒めるとグラタンの仕上がりも茶色っぽくなるので、こがさないように。

ここで粉のかたまりが残るとソースがダマになるので、粉と具をよくなじませる。

牛乳を加えて混ぜる

いったん火を止め、牛乳200㎖を加えてよく混ぜる。混ざったら、残りの牛乳200㎖を加えて混ぜる。

牛乳を冷たいうちに混ぜることでダマになりにくくなる。

とろみをつける

再び中火にかけ、木べらで鍋底をこするように混ぜながら煮立たせる。煮立ってくるととろみがついてくる。弱火にし、1～2分煮る。味をみてから、塩小さじ¼、こしょう少々で味をととのえる。

マカロニを加える

マカロニとブロッコリーを加えて、ひと混ぜする。

焼く

⑨を半量ずつグラタン皿に入れてチーズを半量ずつのせる。オーブントースターで7～10分（オーブンで焼く場合は、220℃〈ガスオーブンなら210℃〉に予熱してから入れ、約10分）、チーズが溶けて焼き色がつくまで焼く。

焼き始めて7分たったらようすをみて、焼き色がついていればできあがり。まだならさらに焼き、焼き色がついたらとり出す。

かたまり肉の料理は、一気にごちそうになる

煮豚＆煮卵

| 513kcal | 塩分2.3g |

ラーメンや
ごはんに
のせても！

煮豚＆煮卵 3か条

その1 卵は室温にもどしてからゆでる。

その2 肉は水をたしながらじっくり煮こむ。

その3 肉はあとからしょうゆで味をつける。

材料〔2人分〕

豚肩ロース肉（かたまり）……300g
卵……2個
A ねぎの緑色の部分……10cm
しょうが……1かけ（10g）
酒……50mℓ
砂糖……大さじ2
B しょうゆ……大さじ2
みりん……大さじ1
チンゲンサイ……1株（120g）

【ねぎ】肉を煮るときは緑色の部分を使う。香りが強いので、肉のくさみがとれる。冷蔵庫に残っているものでよい。

① ゆで卵を作る

卵は冷たいまま加熱すると、割れやすい。冷蔵庫から出して10分ほどおき、室温にもどす。鍋に卵を入れ、卵全体がちょうどかくれるくらいの水を加えて強火にかける。沸騰したら、沸騰が続く程度に火を弱め、約12分ゆでる（かたゆで）。

沸騰するまでの間、卵を数回、箸でころがすと黄身が真ん中に寄る。鍋にぶつけて殻にひびが入らないように、静かにころがす。

Basic lesson

ゆで卵の殻をむく

①火を止めてすぐに水にとる。2、3回水をかえてさます（殻の内側にある膜と白身がはがれやすくなる）。

②台などに軽くうちつけて細かいひびを入れる。水の中で殻をむく。

ゆで卵は、生のままより日もちしない。冷蔵して2日以内に食べる。

② チンゲンサイを切る

チンゲンサイは緑の部分と白い軸に分ける。軸は6～8つ割りにする。

チンゲンサイをゆでる

鍋にたっぷりの湯を沸かす。チンゲンサイの軸を先に入れ、1分たったら緑色の部分を加える。再沸騰したらざるにとる。

茎と葉でかたさが異なるので、時間差でゆでて、ゆであがりのタイミングをそろえる。

肉を酒と砂糖で煮る

厚手の鍋に豚肉300gと**A**［ねぎの緑色の部分10㎝、しょうが1かけ（10g）、酒50㎖、砂糖大さじ2］を入れ、肉がちょうどかくれるくらいの水（材料外）を加えて煮立てる。中火にし、ふたをずらしてのせ、時々アクをとりながら約15分煮る。途中、水分が減ったら水をたして常に肉が湯にかくれるようにする。

中火

しょうゆとみりんを加える

B［しょうゆ大さじ2、みりん大さじ1］、ゆで卵を加える。ふたをずらしてのせ、弱火で約15分煮る。途中2、3回、肉を裏返す。煮汁を徐々に減らすため、これ以降は煮汁が減っても水はたさない。

〈砂糖と酒〉で肉を煮てから、〈しょうゆとみりん〉で味をつけるのがポイント。肉がやわらかくなり、風味よく仕上がる。

煮汁を煮つめる

肉、卵、しょうが、ねぎをとり出す。強火にし（こげないように火加減を調節する）、煮汁を煮立てて50㎖くらいになるまで煮つめる。卵は縦半分、肉は3〜4㎜厚さに切る。チンゲンサイと一緒に皿に盛る。肉に煮汁をかける。

MORE

SIDE DISH

サブおかず、
汁もの、サラダ

メインのおかずに白いごはん。
少しものたりないときは、
野菜や汁ものをプラスしよう。
食卓がバランスよく、ちょっと贅沢になる。

ビールの最高の相棒

枝豆の塩ゆで

材料〔2人分〕

枝豆（さやつき）……1袋（200g）
　塩……小さじ1
塩……少々

作り方〔調理時間10分／75kcal、塩分0.8g〕

①鍋にたっぷりの湯（材料外）を沸かす。
②枝豆は洗って水気をきり、塩小さじ1をふって、手でもむ。
③塩がついたまま鍋に入れ、4～5分ゆでる。ひとつ食べて、ゆで加減をみる。
④やわらかくなったらざるにとり、熱いうちに塩少々をふる。

香ばしさにやみつき！

油揚げのチーズ焼き

材料〔1人分〕

油揚げ*……1枚（25g）
ねぎ……¼本
ピザ用チーズ……40g
しょうゆ……少々
つまようじ……2本

*中が開けない「手揚げ風」は×。

作り方〔調理時間10分／267kcal、塩分0.9g〕

①油揚げは半分に切り、袋状に開く。ねぎは2㎜幅の薄切りにする。
②油揚げにチーズとねぎを詰め（写真）、つまようじで口をとめる。
③アルミホイルにのせ、オーブントースターで3～4分、焼き色がつくまで焼く。またはフライパンで、弱めの中火で両面を焼く（アルミホイルは不要）。
④食べやすく切り、しょうゆをかけて食べる。

手軽に作れる中華風つまみ
つぶし切りきゅうり

材料〔2人分〕

きゅうり……1本
A　酢……小さじ½
　しょうゆ……小さじ2
　ごま油……小さじ½
　ラー油……少々
いりごま（白）……少々

作り方〔調理時間10分／22kcal、塩分0.7g〕

①きゅうりは両端を約5㎜ずつ切り落とし、長さを4等分に切る。1切れずつ、包丁をねかせてのせ、手のひらで上から押しつぶして割る（写真）。
②ボールにAを合わせ、①を加えて混ぜる。5分ほどおく。器に盛り、ごまをふる。

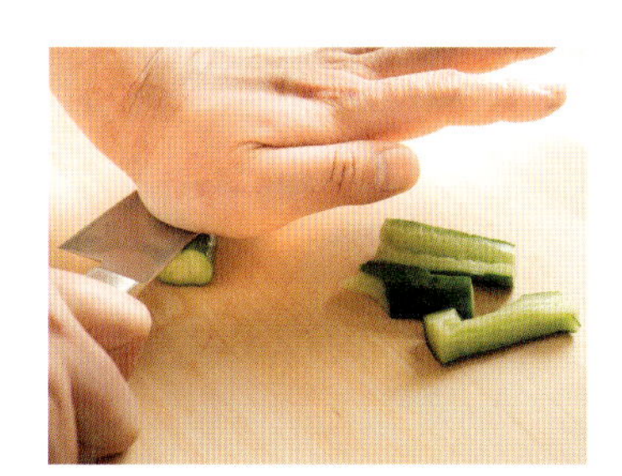
刃にさわらないように注意

トマトを和の味わいで
冷やしトマト

材料〔2人分〕

トマト……小1個（150g）
けずりかつお……小1パック（2g）
ぽん酢しょうゆ……大さじ1

作り方〔調理時間20分／21kcal、塩分0.5g〕

①トマトはへたをとって、くし形に切る（p.29）。皿に盛りつけ、ラップをかけて冷蔵庫で15分ほど冷やす。
②食べる直前にぽん酢しょうゆをかけ、けずりかつおを散らす。

切ってのせるだけの、かんたんつまみ

ちくわめんたい

材料〔2人分〕

ちくわ……小2本
めんたいこ……¼腹（20g）
マヨネーズ……少々

作り方〔調理時間5分／77kcal、塩分1.2g〕

①ちくわは長さを半分に切り、縦半分に切る。
②めんたいこはスプーンなどでしごいて薄皮を除き（写真）、8等分して①にのせる。好みでマヨネーズをのせる。

カリカリに炒めたじゃこがうまい！

ほうれんそうのじゃこがけ

材料〔2人分〕

サラダほうれんそう*……½袋（50g）
ちりめんじゃこ……10g
サラダ油……大さじ1
A｜酢……小さじ1
｜しょうゆ……小さじ½
｜にんにくのすりおろし……小1片分（5g）
｜サラダ油……小さじ1

*生で食べられるほうれんそう。サニーレタスでも。

作り方〔調理時間10分／104kcal、塩分0.5g〕

①ほうれんそうは洗い、水気をよくきる。根元を落とし、4㎝長さに切って器に盛る。
②**A**は合わせてよく混ぜる。
③小鍋に油大さじ1を温める。ちりめんじゃこを加え、少し色づくまで炒める。ペーパータオルにとり出し、油をきる。続けて**A**を入れ、中火で温める。香りが出たら火を止める。
④ほうれんそうに**A**をかけ、ちりめんじゃこを散らす。

だし“巻き”といっても、
巻かずに折るように焼けばかんたん！

だし巻き卵

材料〔1本分〕

卵……2個
だし（p.89）*……大さじ2
A 砂糖……小さじ1
しょうゆ……小さじ¼
塩……少々
サラダ油……小さじ½
万能ねぎ……1本
だいこん……100g
しょうゆ……少々

＊よくさましたもの。水大さじ2＋和風だしの素小さじ⅙でも。

作り方〔調理時間15分／1本分102kcal、塩分0.6g〕

①万能ねぎは5㎜幅に切る。だいこんはすりおろしてざるにとり、自然に水気をきる。
②ボールに卵を割りほぐし、だしとAを加えて混ぜる（卵液）。
③フライパンに中火で油を温める。菜箸で卵液少々を落とし入れ、ジューッという音がしたら中火にし、卵液を全部流し入れる。
④菜箸で全体を大きくゆっくり混ぜ、卵を半熟状態にする（写真ⓐ）。フライ返しで左右を内側に少し折る（写真ⓑ）。続けて、上下を同様に折り（写真ⓒ）、上から半分に折りたたむ（写真ⓓ）。
⑤とり出し、さます。あら熱がとれたら食べやすい大きさに切り、皿に盛る。だいこんおろしとねぎをのせ、しょうゆをかけて食べる。

a

b

c

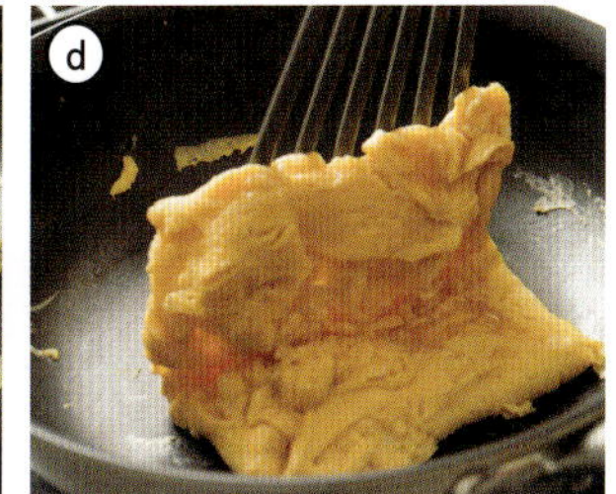
d

定番の汁もの

わかめととうふのみそ汁

材料〔2人分〕

カットわかめ（乾燥）……小さじ2（2g）
とうふ……¼丁（約80g）
だし（p.89）*……300㎖
みそ……大さじ1強

*水300㎖＋和風だしの素小さじ½でも。

作り方〔調理時間10分／48kcal、塩分1.7g〕

①わかめは水に5分ほどつけてもどし、水気をきる。とうふは1㎝角に切る（p.74）。
②鍋にだしを入れ、中火で温める。①を入れ、とうふが温まる（ゆらゆらゆれてくる）まで煮る。
③②の汁を大さじ2ほどとり、みそを溶く。鍋に戻し入れ（写真）、まわりがふつふつしてきたら火を止める。

ほっとひと息つける、やさしい味

コーンスープ

材料〔2人分〕

コーン缶詰（クリーム）……小1缶（140g）
たまねぎ……¼個（50g）
バター……10g
水……200㎖
固形スープの素*……1個
牛乳……200㎖
塩・こしょう……各少々
クラッカー……適量

*固形スープの素は、ビーフ、チキンなどお好みで。

作り方〔調理時間10分／187kcal、塩分1.9g〕

①たまねぎは薄切りにする。
②鍋にバターを溶かし、たまねぎを弱火でしんなりするまで炒める。水とスープの素を加えて火にかけ、煮立ったら、中火で1～2分煮る。
③コーンと牛乳を加える。まわりがふつふつしてきたら火を止め、塩、こしょうで味をととのえる。
④器によそい、クラッカーを割り入れる。

具だくさんで、食べごたえあり

豚汁

材料〔2人分〕

- 豚肉（ばら、こま切れなど）……80g
- だいこん……100g
- にんじん……50g
- ねぎ……10㎝
- だし*……400㎖
- みそ……大さじ2
- 七味とうがらし……少々

＊水400㎖＋和風だしの素小さじ½でも。

作り方〔調理時間15分／367kcal、塩分2.2g〕

①ねぎは2㎜幅に切る。

②だいこん、にんじんは皮をむいて4つ割りにし、3～4㎜厚さに切る。豚肉は2㎝長さに切る。

③鍋にだし、②を入れて強火にかける。菜箸で肉をほぐす（写真）。煮立ったらアクをとり、中火にしてふたをずらしてのせ、7～8分煮る。

④野菜がやわらかくなったら、汁を大さじ2ほどとり、みそを溶く。鍋に戻し入れ、ねぎを加え、まわりがふつふつしてきたら火を止める。

⑤椀に盛り、七味とうがらしをふる。

Basic lesson

かつおだしをとる

水にかつおやこんぶなどのうま味を溶け出させたものが「だし」。顆粒（かりゅう）のだしの素を使うと手軽だが、きちんととっただしを使うと、香りが立ち、格別の味になる。

「けずりかつお」は、だし用に売られている「花かつお」や、「けずりぶし」など、大きくけずられたものを選ぶ（細かくけずられたものは不向き）。

①けずりかつおを湯に入れる

湯を沸かす。約600㎖のできあがり量に対し、水700㎖、けずりかつお10gが基本の分量。沸騰したら、けずりかつおを一度に入れる。

②火を止めて1～2分おく

時間をおくことでうまみが出る。

再沸騰したら火を止め、1～2分おく。

③ざるでこす

しぼったり、押しつけたりするのはダメ！　魚のくさみが出てしまう。

ざるやこし器でこして、けずりかつおを除く。

・澄んだだしをとる場合は、③でざるにペーパータオルを広げてこすとよい。
・だしはさましてから、きれいなペットボトルなどに入れ、冷蔵庫で3日保存可。
・少量のだしをとるときは水50㎖に対して、けずりかつお1gがめやす。電子レンジで約1分（500W）加熱し、茶こしでこす。

ドレッシングはマヨネーズ＋αで、味わいＵＰ！

ミックスサラダ

材料〔１人分〕

サニーレタス……２～３枚（50g）
コーン缶詰（ホール）……30g
ツナ缶詰*……小１缶（70g）
ミニトマト……２個
〈ドレッシング〉
マヨネーズ……大さじ１
酢……小さじ½
塩・こしょう……各少々

*水煮、油漬けのどちらでも。

作り方〔調理時間10分／282kcal、塩分1.5g〕

①レタスは食べやすい大きさにちぎり、水に放してパリッとさせ（p.38）、水気をよくきる。ツナは汁気をきる（右上の写真）。
②レタスを皿に盛り、コーン、ツナ、ミニトマトをのせる。
③ドレッシングの材料は合わせ、食べる直前に②にかける。

コクのあるディップソースで。

野菜スティック

材料〔２人分〕

きゅうり（10㎝長さ）……½本分
にんじん（10㎝長さ）……¼本分
だいこん（10㎝長さ）……50g
セロリ（10㎝長さ）……50g
〈みそマヨディップソース〉
マヨネーズ……大さじ２
みそ……小さじ１
にんにくのすりおろし……小１片分（５g）

作り方〔調理時間15分／107kcal、塩分0.6g〕

①きゅうりは端を約５㎜切り落とし、縦６つに割る。セロリは筋をとり（左下の写真）、にんじん、だいこんは皮をむいて、10㎝長さのスティック状に切る。
②みそマヨディップソースの材料を合わせ、よく混ぜる。①をつけて食べる。

根元のほうに包丁を浅く入れ、筋を引っかける。葉のほうに向かってゆっくり引いて筋をとる。

からしをきかせた大人の味。
おいしさの秘密は、いもにしみこませたドレッシングにあり。

ポテトサラダ

材料〔2人分〕

	じゃがいも	2個（300g）
	ハム	2枚
	きゅうり	½本（50g）
	たまねぎ	⅙個（30g）
	塩	小さじ¼
A	酢	大さじ½
	サラダ油	大さじ½
	塩・こしょう	各少々
B	マヨネーズ	大さじ2½（30g）
	練りがらし（チューブ）	2cm
	塩・こしょう	各少々

作り方〔調理時間30分／285kcal、塩分1.7g〕

①きゅうりは1～2mm厚さの薄切り、たまねぎは3mm幅の薄切りにして合わせ、塩小さじ¼を混ぜて10分ほどおく。水気をしぼる（写真ⓐ）。ハムは1.5cm角に切る。

②じゃがいもは皮をむいて2～3cm角に切り、水に約1分さらして水気をきる。**A**、**B**はそれぞれ合わせる。

③鍋にいもと、いも全体がちょうどかくれるくらいの水（材料外）を入れ、ふたをして強火にかける。沸騰したら弱火にし、竹串がすっと通るまで10～13分ゆでる。湯が残っていたら捨て、ふたをとって、鍋をゆすりながら中火にかけて水分をとばす（写真ⓑ）。

④ボールに入れ、いもが熱いうちに**A**を加えてあえる。さます。

⑤④に①を加えて混ぜる。**B**を加え、よくあえる。

ⓐ ボールのふちに押しつけるか、手に持ってしぼる。

ⓑ いものまわりに粉がふいたようになればよい。

Basic lesson

あと片付け

調理だけして「あとは放ったらかし」では、料理上手とはいえない。おいしく食べたあとは、責任を持って、洗いものまでしっかりしよう。

調理トレーや道具類

使い終わったものは流しの隅にまとめて置くようにする。調理台が散らからずに作業しやすく、片付けもしやすくなる。
調理に慣れてきたら、煮ている間など調理中に手があいたときに洗ってしまうと、汚れが落ちやすく、あと片付けもラク。
包丁はシンクに置きっぱなしにしたり、洗いかごに入れたままにしたりすると危険。使ったらすぐに洗い、水気をふきとって片付ける。

しつこい汚れは、ふいてから洗う

フライパンや皿などのしつこい油汚れは、熱いうちにペーパータオルなどでぬぐい、湯をはっておく。フッ素樹脂加工のフライパンは、調理直後の熱い状態にいきなり冷たい水をかけると加工がいたむので、湯をはり、さめてから洗う。

茶碗は水につけておく

ごはんは乾燥すると固まって落ちにくくなるので、茶碗や炊飯器の内釜は、食べ終わったらすぐに水か湯をはっておく。しゃもじも水か湯につけておくとよい。

ガラス類を洗う

最初に洗うのは、ガラス類や漆器類などのこわれたり傷ついたりしやすい器。ほかの食器とは別にし、洗い終わったら、かごに入れずに乾いたふきんの上にふせて並べる。

油気のあるものは最後に洗う

食器は、〈軽い汚れの茶碗や箸など「油気のないもの」〉→〈油のついた「油気のあるもの」〉の順に洗う。
食器を下げるときも、油気のあるものに油気のないものを重ねないようにする。

スポンジもきれいに

洗い終わったスポンジも清潔にしておく。流水で泡が出なくなるまで洗い、最後に水をよくしぼって乾かす。

Cooking Tips

材料が余ったら

切りかけの野菜、缶詰の残りなど、材料が余ったときは、正しく保存し、早めに使いきろう。みそ汁やカレーなどの具にしたり、炒めものにしたりすれば、ムダなく使いきれる。

野菜

丸ごとのじゃがいもやたまねぎなどは、風通しのよい涼しい場所で保存する。じゃがいもは光に当たると芽が出るので、紙袋に入れるか、新聞紙で包む。

きゅうり、青菜、アスパラガスなどは、ポリ袋に入れ、冷蔵庫の野菜室で保存する。可能なら立てておくと、より鮮度が保たれる。2～3日で使いきる。

切りかけの野菜は、切り口にラップをかけて、冷蔵庫の野菜室へ。2～3日で使いきる。

肉・魚

冷蔵保存の場合、肉は1～2日で使いきる。魚はできるだけ買った当日に使う。冷凍保存の場合、トレーから出し、ラップに包んで保存袋に入れる（魚は塩少々をふるなど、下味をつけてからラップに包む）。2週間以内に使いきるのがめやす。冷凍した日と中身がわかるメモをつけると使い忘れが防げる。

解凍方法

冷凍した肉や魚を使うときは、使う半日前に冷蔵庫に移すか、30～40分ほど氷水につけて解凍する（室温解凍は、食材がいたむ原因になるので避ける）。一度解凍したものは、再冷凍せずに使いきる。

とうふ

密閉容器に入れ、とうふ全体がちょうどかくれるくらいの水につけて冷蔵。水は毎日入れかえ、1～2日で使いきる。

缶詰

開封した缶詰を、缶に入れたまま保存するのはNG。保存容器や袋などに移し、冷蔵保存の場合は1～2日で使いきる。冷凍保存の場合は、コーンやツナは汁気をきり、2週間以内に使いきる。使うときは上記と同様に解凍するか、凍ったまま加熱調理する。

「並行調理」で料理の腕をさらに上げる

レベル3までマスターして、1品をきちんと作れるようになったら、料理の腕前はかなり上がっているはず。ここからさらにレベルアップを目指すなら、メインのおかずと、サブのおかずや汁ものを同時に仕上げる「並行調理」に挑戦を。タイミングを合わせて食卓に並べるには、事前の段どりが肝心。頭の中でシミュレーションするか、慣れないうちはメモに書き出してから調理を始めよう。

ここでは、主食の「ごはん」と、メインの「さけのしょうゆ焼き（p.18）」、サブの汁もの「わかめととうふのみそ汁（p.88）」を組み合わせた「一汁一菜の献立」を例に、段どりの組み方を紹介。
ほぼ同時に仕上げられたら満点！

慣れたら、もう1、2品プラスして味と栄養のバランスをアップ

2品を並行して作れるようになったら、さらに野菜のおかずなどをたすと、味や栄養のバランスがぐっとよくなる。上記の献立なら、「枝豆の塩ゆで（p.84）」や「冷やしトマト（p.85）」などが合う。「枝豆の塩ゆで」は、さめても状態が変わらないおかず。また、「冷やしトマト」は冷やす時間が必要なので、どちらもメインの調理前に作っておくと、あわてずにすむ。

ベターホーム協会は1963年に創立。
「心豊かな質の高い暮らし」をめざし、日本の家庭料理や
暮らしの知恵を、生活者の視点からお伝えしています。
活動の中心である「ベターホームのお料理教室」は全国で開催。
毎日の食事作りに役立つ調理の知恵や、
健康に暮らすための知識などを、わかりやすく教えています。

〈料理教室の問い合わせ・パンフレットのご請求〉
料理教室は5月と11月に開講します。
パンフレットは、お電話またはホームページよりお申し込みください。

TEL 03-3407-0471　http://www.betterhome.jp

自分で作ればとびきりうまい！　俺ごはん

発行日　2017年12月1日

著者　ベターホーム協会
料理研究　山﨑利恵子（ベターホーム協会）
撮影　鈴木正美
スタイリング　青野康子
デザイン　有限会社 北路社
校正　武藤結子
撮影協力　重枝龍明（studio orange）
編集　石﨑香里・浜村真優美（ベターホーム協会）

発行所　一般財団法人 ベターホーム協会
〒150-8363　東京都渋谷区渋谷1-15-12
TEL 03-3407-0471（編集）
TEL 03-3407-4871（出版営業）
http://www.betterhome.jp

印刷・製本　株式会社 シナノ

ISBN978-4-86586-034-4